新潮文庫

敗北からの芸人論

徳井健太著

新潮社版

11934

はじめに——ヒーロー「東野幸治」からの指名を受けて

良いことだろうと悪いことだろうと、世の中のこと全《すべ》ては真に受けちゃいけない。適当にあしらって受け流さなきゃならない。昔から好きでしたとか、またこのメンバーでお仕事しましょうとか、生まれ変わっても一緒になろうとか、そんな素敵な言葉の全てに感謝感動はしてもいいけれど本気にしちゃいけない。

初めまして、平成ノブシコブシ・徳井健太です。

2020年2月に東野幸治さんが、吉本芸人を愛情たっぷりだが容赦なくいじり倒したコラム集『この素晴らしき世界』(新潮社)を刊行された。そのコラムの後任に、なんと東野さんの口から「ノブコブ徳井くんがええんじゃないか」とご指名頂いた、らしい。

でも、真に受けちゃいけない。全部不確定な情報だし、ご本人から聞いたわけでもないし、あくまでそんな噂《うわさ》があるだけだ。
けれど嬉《うれ》しい。感謝感激雨あられ。東野さんの電話番号を知っているわけでもツイッターをフォローしているわけでもないから、この気持ちを直接伝えることはできないが一人で歓喜した。

芸人になって20年以上経《た》つが、正直僕にはお笑いの才能がない。相方・吉村崇《たかし》のような、制作陣の要望に応《こた》えて番組を盛り上げる器用さも、ない。芸歴0年目で、すでにそれに気がついていた。

というのは、NSC（吉本興業の芸人養成所）に入学して間もない夏頃のこと。そこで出会った同期で、のちにピースというコンビを組む又吉くんと綾部、この二人が桁《けた》違いに面白かったのだ。ダウンタウンさんを志し北海道から上京してきた青臭い僕の希望は、一瞬で粉々に砕け散った。その音を、耳と脳が今でも覚えている。

「自分と同じ時期にお笑いを始めて、もうこんなに面白いやつらがいるのか」

僕はすぐに辞めようと思った。どうせこの人たちには勝てない……。

ダウンタウンさんに憧《あこが》れて芸人になったものの、芸人を続ければ続けるほど絶望が増していった。

この「ダウンタウンにはなれない絶望」というのは、ある年代のほぼすべての芸人が一度は抱く感情だ。先輩後輩問わず話をしていると、僕のような落ちこぼれ芸人に限らず、お笑いの才能に溢《あふ》れ、売れっ子になった芸人たちでさえそうだった。

「ダウンタウンにはなれない」絶望からスタートする、芸人という職業。一回負けた状態から自分なりのスタイルを探っていくその過程は、ドラマチックで馬鹿馬鹿《ばかばか》しくて、夢物語のようで確かな現実だ。

天才芸人・東野さんのように芸のあるいじりはできない僕だが、芸人に対する愛、バラエティに対する愛では、誰にも負けない自信がある。

僕が間近で見てきた芸人たちの「現実」や芸人というイキモノの面白さを伝えることで、一人でも多くの人が笑ってくれたら何より嬉しい。

本文中の名称・肩書・所属・年齢等は、一部をのぞき取材時のものです。

敗北からの芸人論　目次

敗北からの芸人論

腐り狂った超天才
東野幸治

「ホワイトデビル」との出会い

東野幸治さんは、僕だけでなく多くの芸人にとってヒーローだ。なんせ『ダウンタウンのごっつええ感じ』に出ていた人だ。

30年近く前、僕と同じ90年代に多感な時期を過ごした30代40代で、このコント番組の影響を受けていない人間なんていないだろう。特に芸人を志した人には、無条件で深く頭と心に刻まれ刷り込まれている。

圧倒的なカリスマ性と面白さ。笑わせるということの格好良さと尊さを、毎週日曜日の夜8時に教えてもらっていた。そんなヒーロー東野幸治さん。僕は芸歴20年近くになっていたが、お会いしたこともお話ししたこともほとんどなかった。

それが突然、2019年の夏に『よしもと芸人音声データ』という、東野さんが

MCで毎回芸人をゲストに招き話を聞くラジオみたいな番組への出演が決まった。僕はその番組の存在を知らなかったが、桂三度さんや「天津《てんしん》」の木村卓寛《たくひろ》さんもゲストとして出ていた。

何も聞かされず、何の打ち合わせもなく、ただ新宿の吉本本社でぼーっと待っていると突然、小さなスタジオに何人かいたスタッフたちが立ち上がった。するとホワイトデビルと呼ばれる男が、本番の3分前に入ってきた。

「ごめんなー」と言っていた。うわー、東野幸治だ、と僕は思った。

「いやー、木村くんがなー、なんやかんやで出られなくなってん、知ってるよな？ごめんなー」

大きな声で笑いながら、持っていた小さなカバンを下ろし、「やろか」と言ってそのまま小さなスタジオの中にある更に小さなレコーディングスタジオみたいな所に東野さんは入っていった。え、もう本番ってこと？　嘘《うそ》でしょ？　そう思ったが僕もつられてその狭い空間に入り、二人きりになった。

外から重たいドアが閉められ「よしもと芸人音声データ」と東野さんが大きな声を出すと、そのまま1時間の収録が始まった。

「ダウンタウンとの共演は断っていた」

収録はあっという間に終わった。

残念ながら記憶はあやふやだが、不躾《ぶしつけ》にもダウンタウンさんや『ごっつええ感じ』のことも聞いてみた。東野さんは自身とたった3、4歳くらいしか変わらないダウンタウンさんのことを、とにかく崇拝し畏《おそ》れていた。それは僕らがダウンタウンさんに抱いている感情よりも、断然強烈だった。

ダウンタウンはいないものとしている。

そう、東野さんはその収録で語っていた。

二人があまりにも面白すぎるが故《ゆえ》、1997年に『ごっつ』が終わり独り立ちした頃にはダウンタウンさんとの共演を断っていたらしい。

嫌いとかではない。『ごっつ』と共に、東野さんの中でダウンタウンはいなくなったらしい。いない人とは共演できない。そういう物理的な理由での共演NG。一種のパラレルワールドのように、ダウンタウンがいるということは知っているが、自分の生きている世界の軸とは交わらないように芸能生活を続けていくと決めたのだ。

圧倒的な面白さに対して、戦って勝ちたいと思うこと自体がそもそもおこがましい。最初から負けることが決まっている戦いはしない——それが東野さんの考えた「ダウンタウンはいない」という攻略法だ。

あんなに面白いと思っていた東野さんからそんな言葉が出るなんて、僕は心底驚いた。と同時に、あれ？『ワイドナショー』は？という疑問が浮かぶ。

「あの番組は、コメンテーターとしての松本人志だからええねん」と言っていた。どうやら芸人のダウンタウンさんでなければ東野さんの世界にも存在するらしい。自分が芸人として芸能界で生きていく為《ため》に編み出した、滅多にない考え方だと思った。

「喫茶店のマスターになれ」

番組途中で東野さんが「徳井くんの悩みはなんかないの？」と聞いてきた。僕はしばらく唸《うな》り、絞り出そうとしたが結局「ない」と答えた。

正直僕には欲がない。売れたいとか、金持ちになりたいとか、良い服が欲しいとか、そういうのがほとんどない。だから伸び伸びやれている、つもりだった。

「じゃあ何をモチベーションにしているの？」

東野さんの疑問も当然だと思う。僕のモチベーションは、自分が才能あると思う先輩や後輩が売れることだと答えた。と同時に、自分の中にあった少しの不満を、心の端っこに見つけた。

「もっと影響力を持って、好きな先輩や後輩を助けることができたらなぁ、と思います」

　小さな二人きりの空間に本音が落ちる。それを東野さんはすぐに拾った。

「え？　どういうこと？」

　例えば相方の吉村とか、千鳥さんとか、渡辺直美とか、そんな売れている人たちが「あの人は面白い」と言えば、売れていない芸人も世の中の人達に見つかる可能性が高いのに、僕がそういったことを呟《つぶや》いても、ほとんど効力がない。なんて自分は無力なんだと痛感する。

　恥ずかしい気持ちも忘れてそう答えた。

　すると1秒もたたないくらいのスピードで東野さんは「喫茶店のマスターみたいになったらええんちゃうの？」と返してきた。急なことで僕のちんけな脳みそでは理解できなかったが、そんなキョトン顔を見て東野さんはゆっくり説明を始めてくれた。

　一般的に、喫茶店のマスターに社会的な影響力は残念ながらない。でも、あったかくて美味《おい》しいコーヒーを出すことはできる。困っている若手や伸び悩んでいる先輩の話を聞いたうえで、彼らにあったかくて美味しいコーヒーを出してあげる、そんな存在になったらええんちがう？　もし他人が、それこそ相方の吉村くんがテレビで、徳井くんが悩みを聞いてあげていた若手を紹介して、その人が結果売れたとしても吉村に嫉妬《しっと》なんかせず、あー良かったなーなんて思いつつコーヒーカップでも磨きながら、また訪れるであろう客人を待つ。そんな人生最高やん？

僕は、ぐうの音も出ず、ラジオなのにただコクリと頷《うなず》いた。

その後無事、天津の木村さんも復帰して、東野さんのラジオは一旦《いったん》終了することになった。何度かしか出ていないのに、そのラジオの打ち上げに僕も呼ばれた。木村さんや桂三度さん、東野さんと肉を食べながら酒を飲む。『ごっつええ感じ』でアイデンティティーを形成したあの頃の僕は、今の状況を見て何を思うだろうか……。きっと嬉《うれ》しすぎて信じられない気持ちだろう。

ところが現在の徳井おじさんは、その打ち上げで東野さんに図々《ずうずう》しくも、とあるお願いをしてみた。

「僕のやっている『酒と話と徳井と芸人』というYouTubeにゲストで来てくれませんか？」

それは中野の居酒屋で、酒を飲みながらただただお笑いを語るという番組。映像は使わない。ギャラも冗談みたいな金額で、収録もマイクを2本だけ立てた簡易的なもの。そこに天下の東野幸治を呼ぶ。とんでもない奇行だ。だがすぐに「ええで」と言って東野さんは目の前のナムルを口に運んだ。

島田紳助の引退が転機に

1か月後、本当に中野の居酒屋にホワイトデビルがやってきた。いつもは3人もいないようなスタッフ陣が、10人以上も店内にいる。

乾杯をして、酒を飲み始め、フジテレビで収録を終え、はるばるお台場から中野に来た東野さんにお話を聞く。今日の収録に至った経緯を改めて説明した後に、東野さんの芸人としてのターニングポイントについて伺ってみた。

本当は辞めようと思ったことが何度もあるらしかった。どうせ頑張ったところでダウンタウンを超えることは何があっても一生ない。ならば辞めよう、そういった心境に度々《たびたび》なるようだ。そこには若手の頃、強烈に刻まれたダウンタウンへの畏怖《いふ》と尊敬があるように僕には思えた。

けれどその度に、大きな仕事が来るらしい。その一番大きなバッドだかグッドだかのタイミングが、2011年の島田紳助さんの引退だ。急遽《きゅうきょ》訪れたこの出来事により、東野さんの元に超人気番組『行列のできる法律相談所』のMCの仕事が舞い込んできた。辞めようと思っていたタイミングでの依頼に、さすがにその時は「困った」そうだ。

「（きちんと）やれるかどうか、ってことで困ったんですよね？」

当然のように僕が質問すると「いや」と一刀両断。

「できるのはできると思ったんやけど、オープニングで紳助さんをいじるのかどうか、いじってても毎週いじれるわけでもないし、それも不謹慎なように映るし、いじらないのも何かつまらんし、なんか難しいなぁ、と思ってん」

僕の思考の遥《はる》かかなた天空を行く悩みを口にした。もっと聞いていくと、今までお笑いの仕事で事前にトークを用意して行ったこともないらしい。ふわっと考え、それで本番を迎えたことしかない、と。若手の頃から、ずっと。

僕は、とんでもない思い違いをしていたんだと、今更ながらに気が付いた。東野幸治は、天才じゃなかったんだ。超天才だったんだ。僕ら凡人の悩みなんか悩みじゃないし、秀才の抱える希望なんてとっくの昔から叶《かな》えていたんだ、と。

他にも、生放送に対する考え方、飲み会に対する考え方も御指南頂いた。

東野幸治が生放送で緊張しない理由

生放送は緊張する。絶対に笑いを取らなきゃいけないいし、言ってはいけないことを口にしないというルールがあるからだ。僕は、生放送が苦手だ。そう相談すると、少し笑いながら「真面目《まじめ》やなぁ」と東野さんは口を押さえた。

「徳井くんの言っていることは分かる。分かるけど、そんなもん関係あらへんねん。俺は、こいつらよう俺みたいなもんにMCなんかやらすなぁ、思いながらやってるよ」

「本番中に無茶なこと言うとか、下半身を出してやろうとか、そういうことですか?」

と、僕がまた凡人の質問をする。当然、違う。

「一言も喋《しゃべ》らんまま、終えてやろうって思てるな。ま、喋るんやけどな、結局は。そんくらい、俺みたいな腐ってて狂った人間を信頼して生放送のMCをやらすなんて、こいつら馬鹿《ばか》やなぁって思いながら仕事してんねん。だから、緊張はせえへん」

これはもう目玉がこぼれ落ちるかと思うくらい感心した。素直に自分も考え方を変えようと思った。

「飲み会は全部断ってきた」

続いて、芸能界とは切っても切れない飲み会について。昔ほどではないにせよ、正直、パワハラと感じることもある。忘年会、新年会、打ち上げにホームパーティー。

僕は、これらに行くのが大嫌いだった。今でも行くのが億劫《おっくう》で、1週間前から憂鬱《ゆううつ》になる。

質問に対する東野さんの答えは「俺は行かんかったな全部」と、とても正直なものだった。

「今までの長い芸能生活でもそういう、自分が少しでも嫌だな、と思った会に行ったことは5回もないんじゃないかと思う」

「けど、断りづらいのもあるじゃないですか、どうやって誤魔化すんですか？」と聞くと、「全部正直に答えんねん」と教えてくれた。

「僕、行ったとしても不機嫌になるだろうし、無理矢理テンション上げるのもしんどいし、行ったらみんなが嫌な気持ちになるんで、今回はすいません、行けません」

そんなことを繰り返し言いながら断っていると、いずれ誰も誘ってこなくなった。東野さんは無表情で、極意を語ってくれた。

そんな超天才で最強に腐り狂った東野さんから回ってきたらしい、この「書く」仕事。

昔から文章を書くことは好きだったし、このコロナ禍で芸人の仕事は順調に減ってきている。なるほど、まあまあ書けるんだね……一人でも多くの人にそう思ってもらえたら嬉しい。


僕が10代の頃から、世間では自殺者が増え始め、今も社会問題のままだ。

私なんて生きている意味がない、生きていたって仕方がない。そう考える理由はいろいろあるかもしれない。環境だったり病気だったり歴史だったり事件だったり事故だったり。

けど、生きているだけで意味はある、と僕は思っている。

どんな人間でも、生きているだけで誰かに何かしらの影響を与えている。その人が普段の仕事などでついている役割には代わりがいようとも、現在進行形でどんな人間でも生きているだけで価値がある。自分では思ってもいないような人から、または思ってもいないような場面で感謝されることもある。

天津の木村さん、本当にありがとうございました。

木村さんにとってはきっとつらい謹慎期間だったろうけど、木村さんのお陰で東野さんの番組に出演でき、その打ち上げで僕のYouTubeに東野さんが出てくれることになり、なんとこの本まで書くことができた。今度木村さんに会ったら何も言わずに

「ありがとう」とだけ言おう。

生きていると、棚からぼた餅《もち》がふってくることもあるもんだ。

相方への「殺意」はやがて「感謝」に

吉村崇

（平成ノブシコブシ）

コンビは15年で「兄弟」になる

まず、最初に言いたいのは、コンビは友達じゃないということ。コンビを夫婦に例える人もいるがこれも違う。

僕が思うに、コンビは「兄弟」である。姉妹や姉弟、兄妹とも違う。男同士の兄弟。これにコンビというのは酷似している。……と言っておきながら僕には兄や弟がいないので本当のところは分からない。けれど個人的世論調査結果によると、コンビは兄弟。

兄弟は仲が悪い。もちろん逆に仲の良い兄弟もいる。けれど周囲の話を聞いていると、兄弟の8割以上は仲が悪い気がする。仲が悪いとしても家族内の話である。だから仲が良かろうが悪かろうが他人には一切関係ないし、何かを言われる筋合いもない。

思春期を迎えて以降、ある一定の距離感を保ちながら数十年が経《た》ち、60歳も過ぎたあたりに二人きりで酒を酌《く》み交わすような関係になる——それが兄弟だ。どんなに仲が悪くても、縁までは切らない。そのこと自体が面倒だろうし、関わらなければ別に兄弟のままでも構わないのだ。

コンビの仲もそれと同じだ。家族だから、兄弟だから、コンビだから。なので、仲が悪かろうが解散などしない。

もっと言えば、コンビは結成15年で兄弟になる。そうなると、相方がどうなろうと知ったこっちゃないし、好きなようにしていたらいい。いつまでもわーわー言ってくる兄貴は嫌われる。ぶつぶつ文句を垂れ続ける弟には腹が立つ。

1度目の〝解散〟直後の雀荘《ジャンそう》で……

僕と相方の吉村崇がコンビを組む「平成ノブシコブシ」は2022年でちょうど結成22年。7年前から我々は、兄弟になった。

過去に解散の危機は何度かあった。というか、僕は常に解散しようと思っていた。だから吉村から「解散だ」と大きな声を出されたら、すぐに「分かった」と言うようにしようと決めていた。

最初に「解散だ」と言われたのは、コンビ結成5年目くらいの頃。僕が寝坊をしたせいで起きた喧嘩《けんか》が原因だった。今改めて考えなくても分かる、全部僕が悪い。悪いが、もう辞めようと決めていたので、吉村から大きな声で「解散だ」と言われた時、小さな声ですぐに「分かった」とだけ言った。

その後新宿で麻雀を打ちながら「あー、これでようやく自信のないお笑いを辞めることができるなぁ、この先の人生は何をしようかなぁ」そんなことを考えていた。対面《トイメン》からロンの声が上がった時、携帯電話に着信があった。吉村からだった。対局を止め、一旦店を出る。古いビルの、白い壁紙がヤニで黄色くベタついた薄暗い階段の踊り場みたいな所で電話に出ると「ごめん」と謝られた。続けて「もう一度頑張ろう」と言われた。僕はまた小さな声で「分かった」とだけ言った。ヌルッとしたドアノブを捻《ひね》り、止まっていた卓に戻り再び麻雀を始めた。

2度目の〝解散〟を止めたものとは

次の解散騒動は結成8年目くらいだったろうか。

原因はもう覚えていない。だが当時のマネージャーも同席していたので前回のようなノリとか勢いではなく、お互いにしっかりと「解散しよう」と思っていたんだと思う。

当時「ラ★ゴリスターズ」というお笑いユニットを組んでいた。ハイキングウォーキング、ピース、イシバシハザマと僕らの4組でコントやトークをする臨時同盟だ。そのユニットでCMもしていた。だから解散となると、そのCMの違約金が発生するから会社として認めるわけにはいかない、と当時のマネージャーは言った。

「じゃあそれを払うから、幾らか教えてくれ」

僕が言ったのか吉村が言ったのかは記憶にないが、当時のマネージャーを二人で問い詰めた。だが「それは教えられない」の一点張りで、結局その場で解散ということにはならなかった。

きっとCMの違約金の額を教えなかったのは、僕らの解散を止めるためだったんだろうな、と今は思う。というか、CMもしっかりとしたものではなかったので、そもそも違約金などなかったのかもしれない。ともかく、その当時のマネージャーじゃなかったら、きっとあの時平成ノブシコブシは解散していたと思う。

売れたい相方、面白いと思われたい自分

コンビ結成10年、『M－1グランプリ』の参加資格ラストイヤーを迎えた。202

2年現在は結成15年以内がラストイヤーだが、当時は結成10年が『M-1グランプリ』の最終エントリーの年だった。

コンビを組んで10年やっても芽が出なかったら辞めたほうがいい――M-1の生みの親である島田紳助さんのそんなメッセージがこめられた結成10年という縛り。僕らも他のコンビと同様、決勝に出る為のネタ作りに勤《いそ》しんだ。

そこで方向性による揉《も》め事が度々起きた。大雑把に言えば吉村はとにかく「売れる為」、僕は売れるよりも「面白いと思われる為」のネタを作りたい。……二人の溝はドンドン大きく深くなっていった。

だがこれは、どのコンビにも起きることだ。お笑いの大会で賞を獲《と》る為に作品を生むのは間違っている、と今でも思う。結果、賞を獲ったなら、それは素晴らしいことだが、狙《ねら》いにいって獲った賞に価値はない（長くなるのでこの話はまた別の機会に）。

ともあれ結果、平成ノブシコブシは一度も決勝に行けず、『M-1グランプリ』から消えた。

相方に抱いた殺意

ついでなので、我々がまだ兄弟じゃなかった頃に、僕が覚えた3つの殺意について書いてみる。

あれはコンビを組んで1年経つか経たないか、まだ初々《ういうい》しい20歳前の頃。吉村が書いてきたネタの通りに練習をしていたが上手《うま》くいかず、吉村が大きなため息をつき持っていたペンを置いた。

「あーあ、俺が二人いたら良かったのにな」

この時が最初の殺意だった。

2つ目は、前述の「ラ★ゴリスターズ」解散事変の時。「解散だ解散だ！」とまるで国会のように楽屋で激昂《げきこう》しながら吉村が言った一言。

「お前の大喜利を面白いと思ってる奴《やつ》なんて、一人もいねーからな」

殺意と共に、どんなにつまらなくても僕はこの男より大喜利は面白くなろうと心に刻んだ。

3つ目は、『M-1グランプリ』の出場資格もなくなり、次の目標は『キングオブコント』となったコンビ結成11年目頃。

当時あった品川よしもとプリンスシアターというホテルに併設された劇場で、大阪から来た後輩たちとライブをやった後。お疲れ様でした、と各々《おのおの》が挨拶《あいさつ》をし合う中、若手と喋っている僕に向け、また激昂した吉村が叫ぶ。

「ボケもツッコミもトークもできなかったら、お前何ができるんだよ！」

あの時、ナイフを持っていなくて本当に良かった。

転機となったマツコ・デラックスの番組

そんなこんなで僕は彼に対する殺意をモチベーションに、15年目まで芸人を続けてきた。芸歴10年を超えたあたりから、仕事は多少なりとも増えていった。

大きなきっかけとなったのは『(株)世界衝撃映像社』という海外ロケ番組。当時今ほど売れていなかったマツコ・デラックスさんをコメンテーターに置くという、とても攻めた番組だった。多額なロケ費用の割に視聴率が取れない、という悲しい理由で、半年ほどで呆気《あっけ》なく終わってしまったが、あのままあの番組を続けていたら、きっと誰かが死んでいたとも思うので、それはそれで良かったのかもしれない。

あの番組で核となっていたのが、自分で言うのも何だが僕らのやっていた部族ロケだ。世界中のいろいろな部族を訪れ衣食住を共にし、最後は涙のお別れをするというクレイジーなウルルン滞在記。勧められたら虫を食べるのも当たり前、体を張る系のロケだった。

企画自体はさっくりしていたけれど、スタッフさん方の編集と台本と、僕らロケ出演者の粘り強さもあってか、徐々に風向きが、特に、僕への風向きが変わっていった。

「なんだ、徳井って頭おかしいけど、面白い奴なんじゃん」

これが大きなきっかけになり、『ピカルの定理』というフジテレビの番組にも参加できることになった。期待の若手が集められたコント番組で、この『ピカルの定理』が始まったのが芸歴11年目くらい。そう、品川よしもとプリンスシアターで僕が吉村に激昂された頃だ。

世間では順風満帆に見えたかもしれないあの頃も、僕は相方に絶賛殺意抱き中であった。

相方ほど無謀な男は見たことがない

だが、平成ノブシコブシというコンビは、やはり吉村が核だ。それは100%間違いない。

例えば笑いなど起こりようもないほどの無茶ぶりにも、恥を恐れず果敢に笑いを取りに行く吉村の姿は、一人で大勢の敵陣に乗り込んでいく『キングダム』の戦闘シーンさながら、闘気に溢《あふ》れている。それが世間には、きっと光り輝いて見えたんだと思う。

あそこまで無謀な男は見たことがないから、きっと最初はみんな鼻で笑っていたに違いない。

「ふふふ、どうせいつか死ぬさ」

そんなふうに思っていた同業者も少なくなかったろう。ところが主人公・吉村は、死なな かった。それどころか、傷つき倒れるたびに強くなっていった。芸人として面白く、上手くなっていった。

すると周りからの評価も上がっていき、吉村も自分に自信が持てるようになる。その好循環の結果、今の活躍に至るわけだ。

僕が一度〝死んだ〟日

その中でも、僕が吉村の隣にいて一番輝いて見えたのは『はねるのトびら』に出演した時だ。キングコング、ドランクドラゴン、ロバート、インパルス、北陽というスター芸人がレギュラーの人気番組で、最初はコント中心だったが、深夜からゴールデンに進出するにあたりゲームバラエティ番組になっていった。

ワイワイ楽しいゲームコーナー。なんてことはない、と思うだろう。だが芸人からすると、逆にコントの方が楽なのだ。コントは最初から笑いを〝内蔵〟させておけるから、道中が大変だろうと、面白く考えられた脚本がある限り、面白くなるに決まっている。

ところがゲームコーナーは違う。こうなれば面白いだろう、ああなれば笑えるだろう、というスタッフさんの算段はあれど、実際やってみなければどうなるかは分からない。結局出たとこ勝負になる。

よく笑いの神様が降りる、みたいなことを言うが、あれは嘘だ。頑張った人が、頑張り切った時に笑いが起きているだけなのだ。

だから吉村の上には当然、笑いの神が舞い降りる。片や腐っていた僕は、そりゃひどいもんだった。何もできなかった。いや、何かをしようとさえしなかった。

ある日の収録終盤、演出ではあるけれど、レギュラーメンバーたちがゲストであるはずの僕に散々罵声《ばせい》を浴びせてきた。僕の落ち込んだ背中に、珍しく吉村が優しい声をかけてきた。

「正直、ウケるウケないなんてどうでもいいんだけど。でも、心が折れてたでしょ？途中でポキッと折れてた。分かるけど、プロならやりきらなきゃダメだよ」

心臓を貫いた一言だった。全くその通りだと思ったから。

「北風と太陽」の如《ごと》く、僕の持っていた人を傷つける為のナイフは、彼の優しい思いやりの一言に折れた。

あの日、僕は一度死んだ。


「365日のうち、360日はつまらない」


『ピカルの定理』が終わった2013年当時、『キングオブコント』という目標はあったものの、いよいよテレビでのコンビの仕事は少なくなった。そして、元々器用だった吉村は、あれよあれよという間に売れていった。

お陰でストレスのかかる仕事も増えていったのだと思う。犠牲心も身に付けていった。オイシイところはアイドルやモデル、役者に取られ、自分は散らかった番組の後始末。そこを評価してくれる関係者は沢山いたろうが、自身の心に当然負担はかかってくる。

その頃、吉村がラジオでポロっと言った。

「365日あったら、360日はつまらないよ」

僕はある程度予想していたから笑ったが、他の共演者は引いていた。あんなに楽しそうにしていて、お金も持っていて女性にもある程度モテて良いところに住んで良い車にも乗っているのに？ ほとんど毎日がつまらないだなんて。そんな、バカな。

コンビ結成20年以上が経った今、吉村がたまに口にする。

「全芸人の中で、徳井の生き方が一番良いんじゃねぇかな。普通よりは金を稼いで趣味の仕事もして、たまにストレスのかかる本格派バラエティにも呼ばれて、休みもちょこちょこある」

なるほど、確かにそうかもしれない。

実際、最近は毎日が楽しい。目標も持てるようになったし、後悔や反省をしながらそれでも前に進めるようになったのも大きい。吉本から多額の借金はしているが、生活に困らないくらいのギャラも頂いている。

だが吉村よ、君が僕の立場だったらとっくに死んでいたと思うよ。

今の僕の立ち位置は確かにある意味でいいかもしれないけれど、20代の頃の僕の立場にあなたがいたら、きっと死んでいた。それくらいプライドは切り裂かれたし、未来も希望も一筋の光も見えなかった。

けれど、今の僕があるのは確実に吉村のお陰だ。兄弟喧嘩は忘れない。だが、時が経てば恨みも薄まる。そしていつか笑って話せるようになる。

自分の母親や父親が死ぬまで連絡も取らない、顔も合わさない。そんな兄弟が、その葬式で何十年ぶりかに会って笑いながら酒を飲む。それでいい。

ベタベタ仲良しアピールなんていらない、本音で生きていたらそれで充分だ。他人にとやかく言われたくはない。

兄弟ってのは、二人にしか分からないもので、二人にも分からないものが沢山あって、それでいいんだ。

吉村、ありがとう。

千鳥

歴史を動かす革命児

ダウンタウン以来の偉業

今回はのっけから断言をしたい。千鳥さんは天下を獲る。僕はそう思っている。ダウンタウンさん以来なされなかった偉業、形も答えも分からない「天下」という何か。漫画『ONE PIECE』の海賊王がグランドライン（偉大なる航路）に置いてきたお宝と似ている。何かは分からないけれど、とにかくめちゃくちゃすごいもの。それが「天下」であり「ワンピース」だ。遂《つい》に歴史の動く時が、この目で見られるかもしれない。とてもワクワクしている。

千鳥さんの面白さは独創的で弱点が見当たらない。千鳥さんを嫌っている関係者も見たことがない。では、そんな千鳥さんは最初から無敵だったのだろうか？

岡山県出身で高校の同級生コンビ。2000年にコンビを結成して以降、二人は互いを信頼し、いろんな困難にも打ち勝ってきた。芸人の憧《あこが》れ『M-1グランプリ』の決勝にも、結成からたった3年で進出し、その後3回もM-1決勝のステージに立つことになる。

大阪ではロケの王様と称され、年間200本のロケをこなしていたらしい。しかもロケの合間には漫才やそれ以外のテレビ仕事をしていたから、目が回るほどの忙しさだったろう。2012年に東京進出を果たした、切れ味鋭いツッコミのノブさんと、嘘がなく誰からも愛されるキャラクターの大悟さんのコンビは、あっという間にお茶の間の人気者になっていき……。なんてクソみたいな原稿を書いてたまるか。そんな簡単な話じゃなかったはずだ。

千鳥さんの凄《すご》さは一言で言うならば、ノブさんの努力と大悟さんの自信だ。

「大悟は一人でやった方がええんちゃうか?」

大悟さんは千鳥結成以前、元々は一人で芸人をやっていた。吉本とは別のインディーズのお笑い団体が大阪にあったらしく、そこには笑い飯を結成する前の哲夫さんと西田さんもいた。さすがの大悟さんは最初からその才能をメキメキと発揮し、笑いも取れるスターになっていった。

だが突然に、同級生を連れてきてコンビを組むと言い出す。その同級生というのがノブさんだ。

ここからすぐに二人の快進撃が始まるのかというと、そうではない。今まで舞台に出れば爆笑をかっさらい、人気もあった大悟さんが、あろうことかノブさんと漫才をした途端、ウケなくなってしまった。周囲は驚き焦《あせ》ったが、大悟さんは何とも思わなかったらしい。

「大丈夫、俺らはおもろい」

そう信じて疑わない大悟さんの隣で、ノブさんの胸中が穏やかであろうはずがない。今まで面白いと評判だった大悟が、そうではなくなってしまったのだ。これは、自分に原因があるのではないか。

先輩方に相談すると、「大悟は一人でやった方がええんちゃうか?」「ノブおもろないなぁ」と、容赦ない言葉を浴びせられる。令和になって、やたら、何たらハラスメントみたいなことが頻繁に言われるようになったが、我々の若い頃は愛情ゆえの「かわいがり」が日常茶飯事だった。

「大悟のために面白くなりたかった」

僕ならきっとすぐに辞めている。もしくは、そのインディーズライブからすぐに抜ける。恥ずかしいし、相方に面目ないし、とにかく惨《みじ》めだ。ただ、ノブさんは違った。真逆を行った。

「おもんない」「辞めろ」と何度言われても、先輩たちにつきまとった。それはノブさんが鋼《はがね》のメンタルの持ち主だったからではないと思う。ノブさんに当時の心境を聞くと、

「大悟がおもろないわけないんやから、俺が面白くなるしかない。あいつの顔に泥を塗るわけにはいかない。プライドとか、恥ずかしさとか、そんなもんより俺は面白くなりたかった」

そんなことを言っていた。

これが40代の人間ならまだ分かる。でもまだ10代、自信満々でやってきた若者が飛び込むにはあまりにも灼熱《しゃくねつ》の業火《ごうか》だろう。軽い火傷《やけど》で済むような状態ではない。でも、そこに飛び込むことを、二人がそれぞれに迷いなく選んだ時点で、千鳥さんが売れることはもう決まっていたのだと僕は思う。

現代のアウトレイジ

ここからは千鳥さんのすごいところをひたすら書いていく。

千鳥さんは二人とも先輩からも後輩からも好かれている。これは地味なことだけれど結構すごいことだ。

例えば平成ノブシコブシの場合、相方の吉村は先輩、僕は後輩から好かれる傾向にある。という具合に、どちらか一方から好かれることの方が普通だ。

これは芸人に限ったことではなく、一般社会でもそうなのかもしれない。どちらからも好かれるなんてことは、ほぼほぼ不可能だ。

だが、千鳥さんは二人ともどちらからも好かれている。

特に大悟さんにはとても可愛《かわい》がっている後輩がいる。後に「大悟組」などと呼ばれるそのメンバーは、南海キャンディーズの山ちゃん（山里亮太）、とろサーモンの久保田、中山功太、ネゴシックスなどが主で、毎日のように酒を酌み交わし、笑い合っていたそうだ。

吉本には飲み会ではその場にいる一番先輩がお会計を支払わなければならない、という決まりがある。いや、別に決まっているわけではないのだけれど、そんな伝統がある。当然、大悟組で飲めば全《すべ》て大悟さんが払うことになる。

だが、先ほど述べたメンバーと大悟さんとは実は芸歴が1、2年しか変わらない。しかも正確に言うと、NSCと呼ばれる吉本の養成所を出ていない千鳥さんは、コンビ結成年で言えば僕と同期。山ちゃんら前述の4人と僕はNSCの同期だから、つまり、ほぼほぼ同期のメンバーのお会計を毎夜毎夜出していたことになる。

ところが捨てる神あれば拾う神ありではないが、「若手芸人からの金なんかいらん！」と言ってくれる粋な居酒屋が大阪にはあった。「たこしげ」という居酒屋さんで、そこは千原ジュニアさんが若手の頃からお世話になっているような、吉本芸人御用達の老舗《しにせ》である。

そこに毎夜のように飲みに行っていた大悟さんは、ある日お会計で10万円をトレイに置く。

「こんなんじゃ足りないと思うんですけど、いつもご馳走《ちそう》様です」

現代のアウトレイジ、正に大悟組の組長、千鳥・大悟だ。

両ボケ、両ツッコミ

芸のことで言えば、ボケとツッコミをきっちり分けていないところもすごい。

いやいや、大悟さんがボケでノブさんがツッコミでしょ？　と反論される方も多くいらっしゃるだろう。けれど実は、千鳥さんは両ボケ両ツッコミなのだ。

元々NSCができる前まで、毎日舞台で勝負していた、今では師匠と呼ばれるような芸人さんはこの両ボケ両ツッコミのコンビが普通だった。前半は一人がボケて、もう片方がツッコむ。後半はそれが入れ替わる。笑い飯さんのスタイルほどボケとツッコミの役割が目まぐるしくは変わらないが、それが昔はスタンダードな形だった。

それを、お笑い界の革命児・ダウンタウンが一新する。ボケの松本人志さんと、ツッコミの浜田雅功《まさとし》さん。キッチリと色分けをした。

以降のお笑い界は呪《のろ》いのように、ボケはどっちでツッコミはどっちだ、ボケなのにツッコむな、ツッコミなんだからしっかりしろ。そんなふうに言われるようになる。

だが、初期のダウンタウンさんの漫才を見て欲しい。両ボケ両ツッコミの最高峰だ。二人とも、どちらの才能にも満ち溢れている。ただ仕事として分かりやすく色分けしているだけで、ツッコミが真面目な必要もないし、ボケが仕切ったっていい。

二人が偉大すぎたため、ご本人たちの意思とはまったく離れたところで、僕らダウンタウン世代はボケとツッコミの呪いに悩まされてきた。その呪いが原因で解散したコンビもたくさん見てきた。

面白ければ、いい。本来すごく単純なことだ。

ボケだろうとツッコミだろうと、面白いに越したことはない。空気を読めなければ人を笑わせることなんて、できっこない。

“仲良しの友達”だからこそ作れる笑い

それに気付いているのかいないのか、千鳥さんは両ボケ両ツッコミのネオスタンダード。まさに革命返しだ。

僕が若手の頃に耳にした一番つまらない言葉が「ツッコミのくせに、ボケより笑いをとるな」だった。ボケだったら、そのくらいのハードル越えろよと、何度も思った。

ダウンタウンさんだって、『ごっつええ感じ』のコントで、松本さんが登場する前に浜田さんがそのシチュエーションに合わせたボケの芝居をすることがあった。当然笑いが起きる。そこに松本さんがやってきて、さらに大きな笑いを生み出して……。笑いの掛け算だ。

千鳥さんも同じだ。

ノブさんは、どんな時でも大悟さんの前の段階でひと笑いを起こそうとする。そしてそのハードルを、大悟さんがさまざまな角度から越えていく。大悟さんはノブさんのボケや天然で起きた笑いに対して、嫉妬なんて絶対しない。「そんなハードル、わしが越えたる」という気持ちで楽しそうにノブさんを見て笑っている。

こんなふうに二人で一緒になって笑いと戯《たわむ》れていられるコンビは、そうそういない。お互いを信頼しているのはもちろん、同級生だった時代から変わらない〝仲良しの友達〟という気持ちが今も根底にあるのだろう。

千鳥の「上品さ」

それに二人には、すこぶる品がある。

瀬戸内海の北木島《きたぎしま》で育った大悟さんと自然に囲まれたド田舎育ちのノブさん。それなのにどうしてあんなに二人とも上品なのだろうかといつも疑問だ。売れるために、ウケるために人を蹴落《けお》としてやろう‼ そういう姿を見たことがない。

どんな状況でも待って、相手の技を受けてから自分の技を繰り出す。自分が前に出ていきなり飛び道具を使ったり、肩透かししたりもせずに、しっかりと組み合ってくれる。正《まさ》に横綱相撲で、ここまで真正面から闘ってくれるなら、こちらが負けたとしても清々《すがすが》しい。

人に話を振る時だって、とても上品だ。自分が振りました、この笑いは自分のものですとアピールするような、そんな下品な振り方はしない。例えば女優さんやモデルさんに話を振る時、聞こえるか聞こえないかくらいの声で振る。自分の声を編集でカットしてもらってもいいくらいの小さな声で振り、彼女たちが自発的に発言したかのようにすることがある。

なんて素敵なんだ。

千鳥最大の武器は「大悟の可愛らしさ」

大阪時代からそんなふうだった千鳥さんは、いつの間にか関西地区では無双状態になり、その名を全国へ轟《とどろ》かすために東京に進出した。すぐに『ピカルの定理』という、僕らやピース、渡辺直美にハライチ、モンスターエンジンというメンバーでやっていたコント番組に合流することとなる。

それまであまり千鳥さんと絡《から》んだことのなかった僕は、会った初日の収録で千鳥というコンビのカラクリを知ることとなった。

『ピカルの定理』でやっていたコントは、ディレクターさんや放送作家さんが台本を書いてくれ、それを芸人が好きなように演じ、皆であーだこーだ言いながら作り上げていくスタイルだった。

しかしその日の1本目、大悟さんが出るコントの収録はいつまで経っても始まらなかった。会議室で5時間くらいが経過し、結局大悟さんの出る予定だったコントの収録は中止することになった。スタッフ陣と大悟さんの笑いの折り合いがつかなかったらしい。なんて尖《とが》っているんだ、さすが千鳥。怖いなー、こだわり強いなー、僕が内心そう思っていると、「ようこそ千鳥」的なトークコーナーだけを撮影することになった。

収録が始まっても、なかなか大悟さんは喋り出さなかった。周りを睨《にら》みながら腕を組んでいるだけ。

鬼だ。北木島から船で江戸に鬼がやってきた。僕はそう思った。

トークのラスト、ようやく大悟さんが口を開く。が、その声はとても小さくて何を言っているのか分からない。しかも嚙《か》み嚙《か》みで、もはや鬼の片鱗《へんりん》などない。

スタジオは爆笑に包まれていた。あんなに怖い顔をしていたのに、まさか緊張していただけだったのか……。

本番中だったが僕はなるほど、と膝《ひざ》を打つ。千鳥のカラクリとは、大悟さんのボケ力、ノブさんのツッコミ力、ネタの面白さ、二人の仲の良さ……もちろんそれらもある、けれど千鳥の一番の武器は大悟さんの可愛らしさなのだな、と思った。

どうして千鳥さんが関西のおばちゃん方に猛烈に可愛がられ愛されているのか、た

った の数分で知ることができた。この人は、とても可愛い。それなのに、可愛らしさを売りにしていない。人間を剝《む》き出しにして、ちゃんと笑いと向き合っている。でもどうしたって可愛い。そりゃ売れるわ！

「俺が死んだら他の奴とコンビ組んでええからな」


その後、どちらかというとノブさんの方と仲良くなっていった僕は、何度か飲みに行かせてもらえるようになった。

ある時、朝まで飲んだ翌日の『ピカル』の収録にノブさんが現れないということがあった。寝坊したのか、とメンバーは盛り上がったが、すぐにスタッフさんからノブさんが今朝倒れたと聞かされた。

それ以前にもノブさんは脳の血管が切れたか何かで、一度病院に運ばれたことがあった。その時は薄れゆく意識の中、タクシーに横たわりながら携帯で奥さんと大悟さんにメッセージを送ろうとしたらしい。

「こんな奴と結婚してくれてありがとう」と奥さんへ、「俺が死んだらすぐに他の奴とコンビ組んでええからな」と大悟さんへ。

オチとして「そんなメールを送らないで本当に良かった。信じられないくらい恥ずかしい思いをするとこだった」と言っていたが、僕は心底感嘆した。命の危険を感じているなか、僕が相方の吉村に感謝のメールを送ることは絶対ないだろう。

そんなノブさんがまた倒れたという。詳しい状況は分からないが、この前の症状が関係しないわけがないと思った。脳の血管にとって、刺激は大敵。酒や激しい運動など毒にしかならないだろう。少し考えれば分かることなのに、僕は酒を止めるどころか朝までノブさんを付き合わせてしまった。

これでもし本当にノブさんに何かあったら、それはもう僕のせいだ。どうしよう、ノブさんの奥さんと子供たち、大悟さんになんて謝罪したらいいんだ。頼むノブさん、僕のためにも息を吹き返してくれ。ノブさんのいない『ピカル』の収録中、僕はひそかに願い続けていた。

結果、翌週の収録に無事ノブさんは来てくれた。

「大丈夫だけど、しばらくはアルコールと激しい運動、刺激になるようなことは控えるように」と医者に言われたそうだ。

本当によかった。あの時ノブさんに何かあったら、僕はノブさんのご家族や大悟さん、それにすべてのお笑いファンから恨まれることになっただろう。のちの千鳥さんの大躍進が幻となってしまっていたのだから。

麒麟《きりん》・川島曰《いわ》く「ノブが覚醒《かくせい》した」

その後、ゴールデンに上がってから『ピカルの定理』はすぐに終わってしまった。レギュラーメンバーはバラバラになった。

たった3年という短い年月で、なかでも千鳥さんとは1年半というさらに短い月日を共にしただけであったが、フジテレビのコント番組でお互い切磋《せっさ》琢磨《たくま》して戦い合った者同士、その絆《きずな》は簡単には消えない。

それぞれ個々の仕事が多くなり、ピースの又吉くんは芥川賞を獲り、綾部はニューヨークに行き、渡辺直美はインスタ女王になり、吉村やハライチ澤部はテレビで見ない日はないくらいに忙しくなっていった。

そんな中、千鳥さんもみるみる売れていった。

深夜やゴールデン、スタジオにロケ。ひな壇MCから地方番組まで、目覚ましい活躍をみせていく。

最近、麒麟の川島さんに会った時、売れた千鳥さんについて尋ねると、

「ノブが覚醒したんやろな、大悟は何にも変わらずずっとおもろい」

と言っていた。

ノブさんの進化し続け変化を恐れない努力と、大悟さんの揺るがない面白さと自信。老若男女《ろうにゃくなんにょ》に好かれる二人の人柄。そして可愛らしさ。

遂に、時代が変わるかもしれない。ほぼ同期として、ひとりのお笑いファンとして、千鳥さんが天下を獲る様を見届けたい。

引退から一転、異例の早さで新喜劇の座長に

小《こ》籔《やぶ》千《かず》豊《とよ》

小籔がお賽銭《さいせん》を欠かさない理由

小籔さん本人にそんな自覚はないかもしれないが、今の僕があるのは１００％小籔さんのお陰だ。小籔さんはその巧みな話術を武器にバラエティで活躍し、吉本新喜劇の座長を16年間も務め、映画や舞台に俳優として出演、有名ミュージシャンとバンドも組むというマルチな才能を発揮している。後輩たちから尊敬の念を込めて〝小籔大明神〟なんて呼ばれていたりもするが、小籔さんは僕の中の青臭いガキのような発想を、全部根こそぎ覆《くつがえ》してくれた人だ。本当にありがたい。

僕が教えて頂いたのは、当たり前のことだ。

例えば、明治神宮ってきれいだなぁ、なんか癒《い》やされるなぁと思ったならお賽銭を入れようということ。信心深いかどうかなんて関係ない。

理屈は簡単だ。美しくきれいな状態を保つためにはお金がかかっているのだから、お賽銭でそのお礼をするのは当然。要は、想像力のない下品な人間になってはいけないということだ。

そう、今考えれば当たり前のことを教えられた。というか、考えさせられた。

寿司屋《すしや》と単独ライブは同じ？

数年前、『バイキング』という番組で共演させてもらっていた。それが小籔さんとの出会いだ。そこで僕は小籔さんからたくさんのことを学んだ。

毎日いろんな事件が起きている。その度にコメンテーターは、ひどい、信じられない、許せない——そんな誰でも言えるような、表面だけ切り取った言葉を繰り返す。でも、そんなことはＡＩにでも言えることだ。

どんな出来事にも、必ず違う角度が存在する。裏側から考えたり、一皮めくってみたりすれば、一辺倒に否定することなどできないことがほとんどで、そのこと自体をみんな忘れがちだ。共演を重ねるたびに僕の35年くらいの人生は、小籔さんの一言二言で簡単にひっくり返っていった。

今思えば小籔さんのお眼鏡に適《かな》うような立ち振る舞いは到底できなかった僕だが、

『バイキング』終わりでお寿司に連れて行ってもらえることがあった。

カウンターでお寿司。しかも超有名店。なんだか高価そうだなぁ、すげーなーと、世間知らずな僕が浮かれていると、

「とにかく、目の前に出された寿司はすぐに食え」

開口一番言われた。一番美味《お》《い》しい状態で出されたのが今。だからすぐに口へ入れることが寿司職人への敬意と感謝だ、と。そんなこと考えもしなかった。それに、

「大将、マグロ一丁」

こんな一言が、どれだけ非常識なことなのかもその時教えられた。

寿司は、基本おまかせだ。最初に苦手なものは聞かれるが、それ以外は寿司職人さんのおすすめを頂く。そしてそれは、お笑いの単独ライブみたいなもんだとも言われた。

今朝仕入れたこの魚たちを、一体どうしたら一番美味しく食べてもらえるだろうか。職人さんはそのことを誰よりも常に深く考えている。それをいくらグルメな人間であろうと、あれを食べさせてくれ、これを食べさせてくれというのは失礼だ、と。

同じく、お笑いの単独ライブでも、その芸人がどんな順番でやるかも含めて真剣に考え真剣に練習したネタが披露される。それなのに、テレビのディレクターが「あの

ライブのあのネタをこのコーナーでやって欲しい」と気軽に言ってくることがある。

放送時間帯や、周りの共演者の感じなどを聞くと、指定されたネタではなく他のネタをした方がいいんじゃないかな、なんて思ったこともある。が、言えない。僕ら平成ノブシコブシは、そういうリクエストを受けたときには、全て言われた通りにしてきた。

でも本当は自分たちの意見を番組側に言った方がいい。スタッフさんは番組のことは考えているだろうが、ノブシコブシのことはそんなに考えていない。コンビのことを一番考えているのは、誰よりも自分たちなのだ。

だから寿司屋に行ったらおまかせ、レストランに行ったらコース、お笑いは単独ライブ。それに越したことはない。

一度は引退を決意

当たり前のことをきっちりと教えてくれる先輩、小籔さんのこれまでの芸人人生は一体どんなものだったんだろうか。

小籔さんは元々「ビリジアン」という漫才コンビでさまざまな新人賞を獲得するも、9年で解散してしまう。小籔さんがボケでネタも書いていたから、相方に「辞めよう」

と言われた時にはすぐ、「自分は面白くないんだ、もう辞めるしかないんだ」と思ったらしい。

小籔さんは決めたことを必ず実行する。

解散し、内心ではお笑いを辞めることを決め、粛々と残りの仕事をこなしていると、野性爆弾のロッシーさんやシャンプーハットのこいで（現・恋さん）さんから毎日のように連絡がきた。

普段から仲は良かったらしいが、小籔さんが乗り気じゃない時はあっさり引き下がっていたのに、その時はやけに強引に誘ってきたという。

「小籔さん辞めるつもりですか？　絶対に辞めないで欲しい。あなたは面白い、確実に売れるから」

一番近くにいた相方に愛想を尽かされ「自分はオモロナイ」そう思い込んでいたけれど、頭を下げながらめちゃくちゃに懇願してくれる二人の後輩の姿に胸打たれ、もう少しだけお笑いを続けてみようかと考え直す。

5年で新喜劇の座長に

ただ漫才の道は一度諦《あきら》めたから、自分はどうしたらいいのか考え、出した結論が新喜劇だったそうだ。

何より新喜劇は老若男女、誰でも笑わせられる〝システム〟がすでにできている。大阪の文化に新喜劇はとても深く根付いていて、芸人として歳《とし》をとっても活躍することが可能だ。それならば自分が座長になって、時代と共に変わり続けるお笑いの流行《はや》りも取り入れながら、大阪の文化である新喜劇を発信し続けよう。小籔さんの夢は、それまでの「漫才師として一番になりたい」というものから、「新喜劇の座長になる」という大きな野望に変わったのだ。

とはいえ、いきなり座長になれるはずなどない。小籔さんが芸人として芸歴何年であろうと、新喜劇へ入れば、その時からまた1年目。はじめは大した役が与えられることもなく、セリフのない日々が続いたそうだ。

だがそこは天下の小籔大明神、小さな役からでも笑いを取り、徐々に自分が舞台に出ている意味と価値をお客さんと周りの演者やスタッフに見せつけていく。すると、わずか5年で新喜劇の座長に就任。そこからは、先輩後輩にかかわらず団員のメンタルケアからネタの構成やセリフの配分、スタッフとの折り合いにいたるまで細かい気遣いをしながら、新喜劇の新たな可能性——伝統を守りながらどう進化するかを考え続けた。2022年8月に座長を勇退することが発表されたが、最後のその日まで、小藪さんの進化は止まらないだろう。

「コヤブの新喜劇ちょーおもろい」

今、大阪で小藪さんを知らない人はいない。そして、小藪さんの新喜劇を知らない人はいない。新喜劇って古いんでしょ？　そんな固定概念と常識をひっくり返して、まさに老若男女問わず絶大な人気を得ている。

今まで新喜劇というのはテレビとは無縁、劇場舞台の文化だと思われていたのに、小藪さんはことあるごとに「新喜劇座長」の肩書きでテレビに出まくった。

全国ネットで放送される人気番組『人志松本のすべらない話』でも新喜劇の裏側、実情を魅力たっぷりに喋《しゃべ》った。これがどれほどの宣伝効果になったかは言うまでもない。

その証拠に、関西の女子高生が選ぶ「面白いお笑い芸人ランキング」の1位が小藪さんだったのをテレビで見たことがある。「どうして？」とリポーターが金髪の女子高生二人組にマイクを向けると、髪の毛を指で巻き上げながら「コヤブの新喜劇ちょーおもろいもん」と真面目《まじめ》に語っていた。

芸人を辞めるはずだった小藪さんは見事に復活した。

芸人を「ランク付け」

その後飛ぶ鳥を落とす勢いで活躍の幅を広げていっているのは先に書いた通りだが、どんなに売れても、「あの時自分を止めてくれた人間がいること」を小籔さんは決して忘れない。

そんな小籔さんはこっそり芸人にランクを付けているらしい。

上からS・A・Bとして、自分が思うBランクの芸人はとにかく褒める。褒めて伸ばす。Aランクの芸人には厳しく、Sランクの芸人にはその両方を駆使して自分の持てる最大限の愛を注ぐ。そして、それ以外の芸人はどうでもいい、辞めようが続けようが自分には関係のないことだ、と。

小籔さんは、自分がお笑いを辞めようとしていた時に止めてくれた人たちへの感謝から、こんなふうに考えているのかもしれないとも言っていた。自分がしてもらった恩をまた別の他人に返す。

小籔さんらしい素敵な考え方だが、僕には厳しくもないし、褒められたこともなかったな、とその話を聞きながら背筋に冷や汗が流れたのを覚えている。

10年ほど前になるが、この話を『ざっくりハイタッチ』という番組でしたことがある。千原ジュニアさん、小籔さん、フットボールアワーさんがゴリゴリにお笑いをやるモンスター番組で、僕なんかが出ていい番組ではない。しかもそこでトークを披露するなんて、メッシの前でリフティングをするようなものだ。

反面、いつもお世話になっている小籔さんに、自分の成長した姿を見てもらいたい。そんな気持ちで挑んだが、結果は芳《かんば》しくなかった。その場のノリもあったが、僕が話している途中で「つまらんつまらん」と、全員がスタジオから出て行ってしまう流れになった。

僕は土下座し、先輩方4人に勢いよく抱きつき、話を聞いてくれと懇願した。そしてモンゴルの首相撲よろしく、4人を次から次へとスタジオの中に押し戻し、トークのはずなのに、僕一人、ぜえぜえと息があがり大量の汗をかいていた。

収録後、小籔さんに「上手《うま》くいきませんでした」と泣き言を言いにいくと、

「すごいガッツやったな、おもろかったで」

思いもよらず褒められた。お笑いではときに、不正解が正解になることがある。あれ？　褒められたということはひょっとしてBランクに昇格したのかな？　そんなことを思い、ニヤニヤしながら僕は背筋を伸ばして楽屋に戻った。

小籔から届いた手紙

小籔さんが主催している音楽フェス「コヤブソニック」に呼んで頂いたこともある。今となっては吉本の中でも屈指のキラーコンテンツだが、立ち上げた当初は会社から見向きもされなかったらしい。これも、そもそもは新喜劇を世の中に流布《るふ》させるために発足したイベントだが、もともと音楽が好きだった小籔さんは、自分が好きなバンド、ミュージシャンに自らコンタクトを取り、出演を依頼している。

会場や設営も自分で決め、合間に場つなぎのトークもやる。徐々に話題になり、スポンサーもついた。出演する予定だったバンド、チャットモンチーのドラムが抜けたときには、自分がそのドラムを叩《たた》くことになれば更に話題になると考え、ゼロからドラムを練習し、本当に本番でドラムを叩いてしまったこともあった。

そんなコヤブソニックへのオファーは、小籔さんからの手紙だった。

〈お忙しい中すいません、僕が面白いと思う芸人だけに声をかけています。是非、平成ノブシコブシさんにコヤブソニック出て欲しいです。〉

そんな手紙がなくとも、もちろん喜んで出演する。けれど小籔さんは普段飲みに行くような間柄の僕なんかにも、こうして〝気持ち〟を届けてくれる。頭は下がり、地中に埋まり、マントルで髪の毛が焦《こ》げる思いだ。

「ごめんな、怒ってもうて」

そんなコヤブソニックも無事終わり、また小籔さんとご飯を食べに行く機会があった。

恵比寿《えびす》の高級な和食居酒屋。大将に言えば、なんでもその場で作ってくれるようなお店。そこでいつものように話をしていると、小籔さんの言っていることがよく分からない瞬間があった。

「ってことは、つまりこういうことですか？」

会話の詳細な記憶は曖昧《あいまい》だが、何となく小籔さんを肯定するような意見を述べた。するとテーブルを手の平でダンっと叩かれた。

「ちゃうやろ、なんで分からへんねん！」

店内に響く大きな声。

すぐに小籔さんは「すまん」と謝ってくれたが、その時僕は若い頃、キャピキャピとした女子たちと飲んでいる時に「ちげーよ、なんで分かんねーんだよ」と、声を荒げた時のことを思い出した。とにかく話が通じない。何を言ってものれんに腕押し状態、話の核心を突けないその女子のことを、僕は当時見下した。だが、その女子と同じくらい、小籔さんの話が僕には分からなかった。すぐにその場で理解し、返すことができなかった。

その時、昔女子を見下してしまったことを心から後悔した。僕も同じじゃないか、と。

小籔さんはとても頭が良い。僕は自分を馬鹿ではないと思っていたが、小籔さんとは格が違うんだと思い知った。

一人そんな孤独を勝手に抱えたまま、湯気のたつだし巻き卵を見つめていた。

店を出る時、小籔さんが先程のことをもう一度謝ってくれた。

「ごめんな、怒ってもうて」

恥ずかしそうに背中を丸め、タクシーを止めて帰っていった。

そうか、あれは怒られたのか。

そしたら僕も、ついに小籔さんの中でAランクに昇格したのかもしれないぞ。

なんてことを思い、きっと小籔さんの思いとは裏腹に、僕の帰る足取りは軽くなった。

渡辺直美

壮絶な生い立ちから「吉本の宝」へ

理屈を超えた新世代

渡辺直美というバケモノが後輩にいる。

口パクでビヨンセのモノマネをするという規格外のネタ。いや、ネタなのかどうかすら分からない。2008年、当時の僕は本物のビヨンセを知らなかったが、直美のビヨンセを初めて見た時の衝撃は未《いま》だに忘れられない。

後にビヨンセ本人の映像を見たが、全然似ていなかった。けれど、それでもやっぱり直美のネタは見る度に笑う。笑わずにはいられない。

超ド級のパワーを放つ、理屈を超えた新世代の登場。

どこかに既視感を覚えながらも、渡辺直美の最初の印象はそれだった。

台湾人の母が離婚、極貧生活へ

直美の母親は台湾人で直美も台湾で生まれた。その後日本で暮らしていたものの、母は日本人の父と離婚。父親は行方知らずで食うに困るほど貧乏な幼少期を送る。その上、母親が日本語を話せなかったため、直美もずっと日本語が上手く使えなかった。勉強も苦手で中卒、アルバイトでお金を貯《た》めながら芸人を目指した……。そんな世間一般で考えると少しパンチの利《き》いた家庭環境も、芸人界隈《かいわい》ではよくあることだ。

不幸自慢をするわけではないが、僕の人生もなかなかやばいし、僕は人間としても結構腐っていた。今でこそこうやってまともなフリをしているが、少し前まではいつ犯罪者になってもおかしくないくらい倫理観も犠牲心も公共心もなかった。

そんな僕みたいなクズ人間が、芸人の世界には沢山いる。親がいないくらいは当たり前だし、虐待《ぎゃくたい》やいじめを受けて偏屈になっている人も珍しくない。国籍も多種多様だし、たまーに犯罪歴のある人だっている。

モノマネで日本語を覚える〝聴力〟

渡辺直美はそんな芸人たちの中でも、格別にクレイジーで破格に面白い奴《やつ》だ。

２０１０年にピースと平成ノブシコブシ、それに渡辺直美とでお芝居をやったことがある。又吉くんが脚本を書いてくれたそのお芝居、『咆号《ほうごう》』は世界の終末がテーマだった。

半年後に再演もされ、そこそこ人気が出たのだが、さすが後にドラマ主演を射止めるほどの「俳優」渡辺直美。その舞台での演技も上手で面白くて、そして抜群の存在感だった。

直美は当時ピン芸人になってからまだ4年目だから、今考えると本当に肝がすわっている。

ただ、話はこれだけでは終わらない。

この舞台のことを後に直美と喋っていたら、衝撃の事実が判明した。あの頃の直美はそれほど日本語が流暢《りゅうちょう》だったわけではなく、台本に書かれたセリフの意味がほぼ分からないまま、ただ淡々と覚えていたらしい。しかも当時は母親から聞かされていた台湾なまりのせいもあって、自然なイントネーションで発音できない。

だがそこも、自慢の〝モノマネ聴力〟で矯正しつつ舞台に立っていたという。

これはとんでもないことだ。

英語の分からない日本人の若手俳優が、単身アメリカに行き意味の分からない英語の台本を渡され、それをそのまま、自然なイントネーションも含めて丸ごと暗記するようなもの。しかも本番はNGが許されない、生の舞台だ。そんな離れ業《わざ》をたった一つの弱音も吐かずにこなしていたわけだ。

直美は強い。いや、負けず嫌いなんだろう。死ぬほどの負けず嫌い。

その負けず嫌いが生まれ育った環境によって培《つちか》われたものだとしたら、辛《つら》い過去も芸人にとってはある意味で養分なんだなというのは、都合のいい解釈か。

性生活のことまであけすけに……

いずれにしても、彼女の才能と努力と忍耐力は、照れくさいから彼女の前では口にこそ出さないものの、本当に尊敬しているし誇るべきことだと僕は思っている。

若手時代、直美と楽屋で顔を合わせればお互いの家族のことをいじり合っていた。ギリギリまで笑わないように頑張るが、いつも僕の方が負けて笑ってしまう。

なんでそんなに不幸を笑えるの？　端から見ればそう思うかもしれない。けれど多くの芸人は、信じられないような不幸の渦中《かちゅう》にいても、そこまで不幸だなんて思っちゃいない。

僕の母親は重度の精神病を患《わずら》い最期《さいご》は自殺してしまったが、そのことを自分の負の部分だとは思ったことがない。いや、思わないことは逃避なのかもしれないが、それを不幸だと思うことの方が不幸なことだと肝に銘じて生きている。

そうやって若手時代を僕らと過ごしてしまっていたせいか、直美は自身のことを隠さず、性生活のことまでもあけすけにペラペラと舞台で喋る。ものすごく生々しい内容にもかかわらず、引くどころか会場はいつも大爆笑に包まれる。

以前アメリカへ行った時エレベーターの中で起きた黒人さんとのハプニング、インスタグラムのDM経由で見ず知らずの人と会った時の話、テレビの音声さんとの淡い恋、とある消防隊員との付かず離れずのランデブー……。

詳しくは直美本人の口から聞いてもらうとして、こんなことを繰り返しているから、当然僕は直美を女性として見たことが一度もない。

ただの後輩、ただのニューヨーカー。

相方・吉村と恋の噂《うわさ》に

何年か前、相方の吉村と直美が噂になったことがあった。直美のマンションに出入りしている吉村の姿が写真週刊誌に撮られたのだ。

正直、これほど心の底からどうでもいいというニュースもない。二人をよく知る僕からしたら付き合っているわけないだろうと思ったし、たとえそこに肉体関係があったとしても、僕にとってはやはりどうでもいいことだった。

その噂より前、吉村と直美が二人きりになった際、一度関係をもってみるかとチャレンジしてみたというトークも何度か舞台上で聞いたことがある。これも生々しいけれど強烈に面白いので、詳しく聞いてみたい方は是非劇場へお越しください。

そう、直美や吉村に限らず、皆さんがテレビを通じて見る以上に、芸人さんというのは何百倍も面白い人たちばかりなのだ。

渡辺直美が楽屋で泣いた日

ピース、平成ノブシコブシ、渡辺直美の『咆号』メンバーに、ハライチ、モンスターエンジンという人気と実力を兼ね備えたメンバーが加わり、フジテレビで『ピカルの定理』というコント番組を始めることになった。

今このメンバーを見ても、我ながらワクワクする。なかでも渡辺直美は『ピカル』の主人公だった。半分以上が彼女中心のコントだった。なぜなら直美が出るとどうしても全てを喰ってしまうから。やはり華とお笑いの圧がすごいのだろうな、と思う。

そんな女王・渡辺直美が、ある日『ピカル』の収録スタジオの休憩所にいた。ずらりと並ぶお菓子や食事、ケータリングという蜜《みつ》の畑の前で立ち尽くしている渡辺直美の後ろ姿。面白がって近づくと、なんと彼女は泣いていた。

確かにその直前に撮ったコントでは想定よりも笑いが起きず、直美自身手応《てごた》えを感じていない雰囲気はあった。だからといってこんな人前で泣くほどかと驚いたが、泣いている直美の横で僕は食べたくもないアルフォートと味ごのみを指で摘んだ。そして一言も声を掛けず、ポンと頭を叩いただけでその場を去った。

後にそれがとてもキュンとした、と直美が言っていたのでそれもトークライブで話した。僕が暴露したことに「デリカシーがない！」とライブ中に直美は怒っていた。そして、それもまた笑いになった。

芸人の世界はいい。嘘《うそ》がなくて、でも嘘だらけで。

「レジェンド女芸人」との共通点

僕が言わずとも周知のことだが、渡辺直美は唯一無二《ゆいいつむに》の存在だ。と、今回直美のことをじっくり考えていたら、最初に覚えた既視感がなんだったのか、ようやくわかった。

元祖破天荒女芸人・野沢直子さんと直美は同じ道を歩んでいるのではないかと僕は思う。天下無双のダウンタウンさんがウッチャンナンチャンさんと若手の頃にやっていたコント番組『夢で逢《あ》えたら』で競うように脇《わき》を固めていたのが、清水ミチコさんと野沢直子さんだ。女性だから、という言い訳はせず、でもきっちりと女性芸人としての立ち振る舞いをし続けたお二人。

野沢さんは「ダウンタウンには勝てないと思ったからロサンゼルスへ行った」と、インタビューで答えていたことがある。そんな伝説の野沢直子さんに、直美は似ている。

女性でありながら、女性らしくなく、女性を言い訳にしない、女性ならではの生き方。

吉本本社で談笑したおじいちゃんが実は……

ある日、直美が新宿の吉本興業本社でぼーっとしていると、隣に白髪混じりのおじいちゃんが座った。誰とでも打ち解けて話せる直美は、そのおじいちゃんとすぐに仲良くなったそうだ。半分くらいは語尾にタメ口を混ぜながら、朗らかに軽やかに喋っていると、直美も知っている吉本のお偉いさんがやってきた。直美は反射的にパッと立ち上がり、その社員に挨拶《あいさつ》をした。が、社員は直美そっちのけでその白髪混じりのおじいちゃんに深々と頭を下げる。

「社長、おはようございます」

白髪混じりのおじいちゃんというのは、あの大﨑洋であった。吉本興業の現会長・大﨑洋は、マネージャーとしてダウンタウンさんと共に芸能界のテッペンに駆け上がった。言わずもがな、我が事務所のドンだ。

その大﨑さんとは知らず、そこらの公園に寝転がっているおじいちゃんと話すかのように直美はケラケラとお喋りをしていた。そんなエピソードは、漫画くらいでしか聞いたことがない。まるで『サラリーマン金太郎』、まるで『釣りバカ日誌』、まるで『島耕作』。

大﨑会長としては、地位の高くなった自分とフランクに接してくる渡辺直美が珍しく、嬉《うれ》しかったのだろうが、直美自身その時は誰と話しているかも分かっていなかったのだ。

そりゃ、フランクにもなる。

けれどこれも、誰とでも垣根なく楽しく接することができる、渡辺直美の人間性の賜物《たまもの》だ。

それから直美はことあるごとに会長に可愛《かわい》がられることになる。何度もご飯に行ったし、細々としたピンチも救ってもらったと聞いた。

会長は、あの時自分に物怖《ものお》じせずに接してくれたから渡辺直美を守り可愛がるのか。

それとも、渡辺直美という才能が、吉本興業にとって有益だから可愛がるのか。

無論、どちらもあるだろう。

けれども僕は、直美が若かりし頃の野沢さんに似ているからだと勝手に思っている。

ダウンタウンさんとしのぎを削っていたあの頃の野沢さんの片鱗が、渡辺直美にはあると。

それが吉本興業の宝と感じているから、だと思っている。

第7世代なのに「昭和」なコンビ

コウテイ

今回ご紹介したいのは、コウテイ。

ただ残念なことに、これまで取り上げた芸人の方々と違って、僕はコウテイに会ったことも話したこともない。だから、コウテイからすると、否定したくなるようなこともあるかもしれないけれど、彼らを見た時に僕が思ったこと、感じたこと、思い出したこと。そんなことを書いてみようかと思う。

「本格派」が優勝する大会

コウテイの名前は少し前から知っていた。まず見た目のインパクトが強かった。髪の毛を逆立てた下田《しもた》真生《まさき》と、マッシュルームカットの九条ジョー。お揃《そろ》いのワインレッドのスーツを着た二人は、2013年にコンビを結成した。僕が知らなかっただけで、関西ではさまざまな賞にノミネートされ、19年にはかつてダウンタウンさんも受賞したことのある「今宮戎神社　こどもえびす　マンザイ新人コンクール　福笑い大賞」も受賞している。

けれど僕が実際に映像で目にしたのは、2020年の『ABCお笑いグランプリ』。かまいたちや霜降り明星なども過去に優勝している西のお笑いの登竜門で、売れる人や面白い人は、必ずこの門をくぐると言われている。

この大会で特徴的なのは、本格派が優勝するということだ。本格派、つまり本当に面白い人。お客さんよりも、芸人や同業者が笑うような芸人。そのてっぺんが、ABCの覇者なのだ。

「この人たちが優勝でしょ」という空気

そんな『ABCお笑いグランプリ』は、これまでは関西でしか放送されなかったのだが、2020年はABEMAで観《み》ることができた。南海キャンディーズ・山ちゃんの絶品MCを堪能《たんのう》しながら配信を見ていると、最初からコウテイには優勝する風格が溢《あふ》れ出ているように感じた。

お笑いの大会で優勝する風格、オーラ、波動。

『M-1グランプリ』でいうと2005年のブラックマヨネーズさん、06年のチュートリアルさん。

『キングオブコント』でいうと2011年のロバートさん、12年のバイきんぐさん。『R-1ぐらんぷり』(現・『R-1グランプリ』)だと11年の佐久間一行《かずゆき》さん。

みなさん、圧巻、圧倒の見事な勝ちっぷりだった。

周りの芸人がもうお手上げというか、「いや今年はもうこの人たちが優勝でしょ」というような空気が、会場や審査員を支配していく感覚。

ゴリゴリと笑いを取り、お客さんから大きな笑いが起きれば起きるほど、その場やテレビで見ている芸人たちの心の中には、ポッカリと大きな穴が広がっていく。

「あー、見たことないくらい新しくて面白いなー、この人たちが勝つべきなんだろうなー」

そんな集団心理がうっすらと広がっていくように働いて、結果爆発的に他を圧倒して優勝するケース。

そんな空気を、2020年の『ABCお笑いグランプリ』のコウテイにも感じた。だからコウテイのこの賞レースでの優勝は、この年でなくてはきっとダメだったんだろうなとも思う。

思い詰めていたり、コンビ仲だったり、経済的な理由だったり、環境や体調のせいだったり。とにかく、人というのはその時その瞬間にしか吐き出せない「輝く一瞬」というものが確実に存在する。今年、絶対決めてやる――。その思いが空回りせずに自分の体を走り抜け、そして世間に解き放たれて、そのまま同じように大衆の心が振動する。

それってなかなか有り得ないことで、本当に一瞬の煌《きら》めきで、偶然と奇跡が重ならないと生まれないひと時で……。

とにかくコウテイおめでとう。と、言いたい。連絡先知らないから言えないけど。

粗品が流した「言葉にならない涙」

ABEMAではその後の「優勝者特番」も生放送で流れた。その番組は、2017年『ABCお笑いグランプリ』優勝、18年『M-1グランプリ』優勝の霜降り明星がMCを務めていた。

これがまた、最高に良かった。

「最高」なんて平凡すぎる表現だと自分でも思うが、本当に最高に良かった。

偶然にもコウテイの下田くんと霜降りの粗品は、プライベートでも仲が良く、苦楽を共にしていたらしい。ここが「最高に良かった」理由のひとつだ。

「え？　芸人さんってみんな仲良いんじゃないんですか？」

　そんなふうに思う人がいるかもしれない。バラエティ番組で楽しそうに絡《から》んだりロケをしたりする姿から、そんな妄想を膨らませる人も多いだろう。

　が、当然のことながら、芸人はみんながみんな、そんなに仲良くはない。仲良くないというか、プライベートではそれほど干渉し合わない。自分の考えるお笑い観や感性が合う人間としか、深い付き合いはしない。けれどそれは、どの社会でも同じだろう。

　もちろん同じ会社の人間と日々、仕事はするわけだし、仲が良くなることもあるだろう。が、自分に幸せなことがあった時、不幸なことが訪れた時、その感情を共有したいと頭に思い浮かべる相手は会社内でもごく僅《わず》かなはずだ。

　だから自分の可愛がっている後輩、可愛がってもらった先輩が、自分の目の前で優勝を果たし、そのまま自分がＭＣの番組で一緒に絡むなんて奇跡は、なかなか起こらない。

　それが、起こった。

　粗品は泣いていた。

　そりゃそうだろう。

たかがお笑いの大会と言われたらそれまでだ。そもそもこの大会自体、一般的にはそれほど知られていないし、優勝したことだって、何年か経《た》ったら忘れてしまう人が多いだろうと思う。それでもきっと本人たちは「最後のつもり」で1年間頑張って、大会の本番中は無我夢中でなりふり構わず走り切り、その姿をずっと見ていた隣のスタジオの同志は、そりゃ涙も流す。

この大会で優勝しなかったら、コウテイは解散していたかもしれない。なんなら、冒頭で触れた通り、僕はコウテイのことをほとんど知らない。霜降り明星のこともほとんど知らない。けれど、解散しそうだな——そんな空気感がコウテイから出ていた。調べてみると、実際に一度は解散をしているらしかった。

ネット上には理由も書いてあったけれど、本当の理由は分からない。人間にはいろいろある。友達や夫婦、仕事仲間といった関係と同じで、コウテイにも当事者にしか分からないことや伝えられないこと、伝える必要のないこと……さまざまにあるのだろう。

だが結果として二人は解散し、そして、もう一度コンビを結成することにした。語り尽くせぬ理由や感情が渦巻いたのか、それらも粗品は知っていて、言葉にならない涙を流していた。

他の第7世代にない「昭和の匂《にお》い」

が、これはすべて僕が配信を見て感じた気持ちで、きっとこんなふうに考えるのは「古い」のだろう。

今、テレビで見ない日はないほど活躍している「第7世代」と呼ばれる芸人。彼らを一括《ひとくく》りにすること自体がそもそも申し訳ないのだが、それでも、第7世代はとても合理的な世代だと僕は思っている。効率重視の世の中と同じだ。コンビ仲は良いとアピールした方がいいし、打ち合わせもＺｏｏｍでするし、ネタもパソコンで書いた方が便利だ。

僕らの頃はコンビ仲を「悪い」と生々しく伝えたし、打ち合わせも深夜まで顔と顔を突き合わせて行っていたし、ネタも不便だがノートに書いていた。時代も環境も変化したのだ。どちらが良い悪いということを言うつもりはない。

ところがこのコウテイという若手コンビは、調べれば調べるほどに古い。

下田はカッとなりやすく、ギャンブルで身を滅ぼすタイプ。九条はスタイリッシュな見た目にもかかわらず、親父《おやじ》ギャグを大げさな身振りで繰り出す。

実に古い。

これは僕ら世代の感性だ。だからこそ、とても応援したくなる。

千鳥さんで最後だと思われたこの昭和芸人の背中を、僕はコウテイに感じた。

小手先の器用さではない「輝き」

『ABCお笑いグランプリ』に優勝し、満を持して
『ワイドナショー』にコウテイが出演した回を観た。

目の前には正に「皇帝」のダウンタウン・松本人志さんがいる。その隣には白い悪魔、東野幸治さん。きっと二人は今まで体感したことのないような緊張をしたことだろう。

番組内で、コウテイはコウテイなりの武器と培ってきた経験で戦っていた。

関西のライブやメディアで手応えがあったであろうコンビでの合わせ技や、これまた昭和の臭《にお》いプンプンの顔芸、特に勝算もなく踏み出す重たい一歩と張り裂けんばかりの大きな声。

血だらけのように見えた。

松本さんと東野さんはいとも簡単に、子供と遊ぶかのように軽々とコウテイから「勝ち」を指先だけで摘んでいく。

だが、そんなコウテイの姿を見て、それでいいんだと思った。会ったこともないのに偉そうだが、本心からそう思った。

手先の器用さ、場に応じた対応能力と瞬発力。それらがテレビバラエティにはかなり重要で必要なことだとは思う。けれど今しかできないこと、出せない輝きを、確実にコウテイは持っている。そんな一生に一度あるかないかの波動を、目の前のことに捕らわれて隠しちゃいけない。

スベればいいし、絶望すればいい。

落ち込んで忘れられない後悔と、してもしきれない反省に、押しつぶされた方がいい。経験と知識で、器用さなんていくらでも手に入れられる。

それはかつてのダウンタウンさんや東野さんもそうだったのではないだろうか。今思い出せば赤面してしまうようなことを、何度も繰り返したと思う。

けれどそれは今となっては過去のこと。大天才たちにも、きっとあの頃の輝かしい恥部はもう二度と出せない。

あの時、あの状況で、全力で間違って走った記憶は、必ず年老いてからプラスになって返ってくる。その時のため、今は誰がなんと言おうが自分たちで考えたことや感じたことだけをやっていった方がいい。

こんなふうにしてみたら？　それはやめた方がいいんじゃない？　そんな二流三流のアドバイスは絶対に、無視した方がいい。

全力で、間違って、今のコウテイにしか出せない輝きを放ち続けて欲しい。

応援しています。

なんだかただのファンレターみたいになってしまったけれど、その眩《まばゆ》い光が放てなくなって、器用にＬＥＤライトを照らせるようになったら会いましょう。

「ナンバーワン」から「オンリーワン」へ

加藤浩次

（極楽とんぼ）

ギャラの安いラジオを7年間も

今じゃ普通に「極楽の加藤さん」と、芸人同士や仲間うちからだけでなく、共演者やスタッフ、視聴者の方からも呼ばれているが、ふと立ち止まるとまともな呼ばれ方じゃない。ほぼ、暴走族の総長だ。でも「極楽とんぼ」というコンビを組んでいる加藤浩次さんなので、仕方がない。

そんな総長とは2013年から7年間『オレたちゴチャ・まぜっ！』という深夜のラジオ番組を一緒にやっていた。

メインパーソナリティは芸人が務め、毎年コロコロと変わっていったが、平成ノブシコブシ以外ではよゐこの有野さん、ココリコの遠藤さん、ロンドンブーツ1号2号の亮さん、南海キャンディーズの山ちゃんなど、関西ローカルではあるけれど、なかなか豪華なメンツだった。

その他にも、オーディションで勝ち抜いた女性タレントが約15名ほどいるという、ラジオにしては大所帯の番組で、毎週土曜の深夜、25時半から28時半までの生放送。しっちゃかめっちゃかなヘビーバラエティだった。

加藤さんはご存知の通り、平日は毎朝、情報番組『スッキリ』でMCをやっておられる。他にもたくさんレギュラー番組を抱え、最近では極楽とんぼもコンビとして見事復活した。さらに2021年3月までは、日曜の夜に『スーパーサッカー』の生放送まであった。お疲れ様です！

超多忙の超売れっ子が、土曜の深夜は『オレたちゴチャ・まぜっ！』。ラジオのギャラは信じられないくらいに安い。けれどそれを、しっかりこっそり7年間もやり続けたのは、加藤総長の粋な部分だ。そんな加藤さんの生の声、普段あまり聞けない金言を、今回は勝手に紹介してみようと思う。

嫉妬《しっと》ばかりする吉村にかけた言葉

「比較論じゃ、人は幸せになれないんだよ」

これは僕の相方の吉村に、加藤さんが何度も何度も投げかけていた言葉だ。

数年前の吉村は、四六時中とにかく嫉妬していた。同期にはもちろん、後輩にも先輩にも、関係のないミュージシャンや俳優にまで嫉妬嫉妬嫉妬。

「なんであいつばっかり」「どうして俺じゃないんだ」そんなことばかり言っていた。吉村なりの、エンタメとしてのパフォーマンスもあったと思う。けれどそこには本音も確実に存在していた。この流れ出る吉村の妬心を聞いて、毎回諭《さと》すように「他人と比較するな」と加藤さんは繰り返し言っていた。

酒と競馬に明け暮れた過去

そもそも極楽とんぼさんは最初から売れていたのか？　いやいや、そんな平坦《へいたん》な道のりではなかったはずだ。

若い頃、仕事がない日は酒と競馬に明け暮れていたと聞いたことがある。前説の仕事の時には、何か引っかかれ！との思いから、わざとサングラスにマントのようなコートを着ていたとも言っていた。可愛がっていた後輩、ロンブーさんが猛スピードで売れていき、『めちゃ×2イケてるッ！』の前身番組では相方の山本さんだけが合格、加藤さんは外された。少し経ってようやく入れたその番組は、ナインティナインさんとよゐこさんのためのものだと、スタッフからはっきりと言われたらしい。

「俺は、一体なんなんだろう」

きっと何度もそう思ったに違いない。

「なんであいつばっかり……。絶対俺の方が面白いはずだ」

そんな「既視感」を、吉村に覚えたんだと僕は思う。だから、「人と比べるな。それじゃ一生幸せになれないぞ」と、自分の経験を元に教えてくれたのだろう。

それに、もしも売れたとしても、必ずいつかは世代交代が起きる。その時にはまた若手に嫉妬して、いつまでも辞めない先輩に苦悩して……。嫉妬のループはどうしたって、永遠に続く。

それは何故《なぜ》か。他人と自分を比べてしまうからだ。

自分は自分、他人は他人。人がどうあろうが、敵は自分しかいない。そう考えることで、前向きにもなれるし努力もするし、他人にも優しくできる。

全世界に発信したいありがたいお言葉を、僕はスタジオで静かに聞いていた。「他人と比べるな」と冷静に言える加藤さんは、いつも物事をフラットに眺めている。

ロンブー亮の金髪、おぎやはぎのメガネ

ロンブーの亮さんの金髪が加藤さんの指南によるものだったというのは、有名な話

だ。

超若手の頃、ライブの罰ゲームか何かで金髪にさせられた亮さんに、「そのままの方がいいじゃん」と言い切ったのが加藤さん。当時の芸人界では、上下関係や礼儀が今よりもずっと厳しく、髪を染めるのも御法度《ごはっと》のような時代。そんな時代に超若手が金髪なんて、あり得ない。

でもそんな常識、一体誰が決めたんだ？ 関係ないだろ。芸人なんて傾《かぶ》いてなんぼ、不良でなんぼ。そんな気持ちが込められていたんじゃないだろうか。

結局、亮さんは50歳を迎えた今でも金髪だ。きっとそこには誇りもあるだろう。そして何より、強烈なトレードマークだ。

加藤さんの何気ない金言はこれだけではない。

おぎやはぎさんがコンビ揃ってメガネなのも、加藤さんのアドバイスによるものだ。元々芸人になる前から加藤さんとおぎやはぎ・矢作さんは友達だった。だから、いまだに矢作さんは加藤さんのことを「浩次くん」と呼ぶ。

当時は矢作さんの相方、小木さんしかメガネをかけていなかったらしい。

二人ともメガネをかけるなんて――そんな常識に、加藤さんはまたしても「そんなの関係ないだろ」と、「逆に、二人とも眼鏡かけているコンビがいないなら、チャンスだろ」と言い放った。もしかしたら加藤さんとしては軽いボケのような気持ちだったのかもしれないが、今や「おぎやはぎ」といえばメガネだ。

加藤さんは決して世間のモノサシで物事を測らない。いつもその発想は、まるで世間を煽《あお》るかのようにオリジナルだ。「え、その考えっておかしくない？」と。

悩みを打ち明けたパンサー向井に

そんな加藤さんとじっくり話せる土曜深夜が、僕は毎週楽しみで仕方なかった。『オレたちゴチャ・まぜっ！』に、パンサーの向井がゲスト出演してくれた回があった。向井はラジオが好きで、この番組もいつも聴いてくれているようだった。だからか、最初から少し興奮しているようにも見えた。

その向井が冒頭のフリートークでお悩み相談を加藤さんに持ち掛けた。

「僕、MCを任される時もあれば、ひな壇に座る時もあります。ドッキリを仕掛けられる時もあれば、逆に意地の悪いポジションにつくこともあります。女性タレントと絡まないといけない時もあるし……」

これは、僕にもある悩みだった。

「全部キャラが違くて、どれが本当の自分なのか分からないんです」

僕の心の声と向井のマイクを通した声が、リンクしたような気がした。若手なら、誰でも悩むことだと思う。加藤さんは「うーん」と言いながら、まるで自分自身に言い聞かせるように話し出した。

「例えば、向井は家族といる時と芸人仲間といる時じゃ、キャラが違うだろ。家族とだって、母親といる時と父親といる時、兄弟といる時、全部違うだろ。恋人といる時も嫌いな奴と一緒にいる時も、全部違うだろ」

そりゃそうだ。スタジオにいる全員が思った。

「でも、全部自分だろ」

凍りつくようなパンチラインだった。

「別に作ろうとして作っているわけでも、考えて分けてるわけでもない。自然とそうなって、自分なりに考えてそのキャラでそこにいるんだからいいんだよ、MCの時とひな壇にいる時の自分が違っても。逆に全部同じな奴の方がおかしいよ」

目の前に瀬戸内寂聴がいるのかと思ったら、加藤総長だった。

36歳で『スッキリ』司会者に

加藤さんも、若い時にはきっと同じ悩みを抱えていたんだろうなと思う。ここからは僕の勝手な妄想だ。

『めちゃイケ』では狂犬と呼ばれ、その場の空気もセットも、全《すべ》てを破壊しなくてはいけない役回りなのにもかかわらず、2006年には『スッキリ』という朝の情報番組の司会者を任されることになった。当時、弱冠36歳。今考えるとあまりにも若僧だ。今で言うハライチの澤部くらいの年齢で、朝の顔に大抜擢《だいばってき》された。いやいや、芸人が、しかも狂犬・加藤が情報番組？　しかも朝の生放送？　まだ早いんじゃない？　そんな声も当然あったが、その大役を加藤さんは引き受けた。

スタート当初は苦戦していたように記憶している。

とにかくフジテレビが強く、『めざましテレビ』から『とくダネ！』の流れは盤石《ばんじゃく》だった。おまけに日本テレビでは『ズームイン‼』という名物番組がかつて放送されていた枠だったから、最初は視聴者に違和感があったのも当然だろう。

ところが今は朝といえば『スッキリ』だ。僕はそう思っている。何か事件やスキャンダルが起きるたびに、「このニュース、加藤さんならなんて言うのかな？」とすぐに考えるし、実際に放送を見るのがまた楽しみでもある。

加藤さんのすごいところは、そんな重責を弱冠36歳で担《にな》っていた当時、『めちゃイケ』もお笑い番組として圧倒的な人気を誇っていて、それらを両立していたことだ。

あの番組は、笑いにかける情熱がすごい。とんでもない。メンバーみんなが売れてしまってからは、スケジュール調整が難しく、収録が夜から朝までになるというのは当たり前。しかも、それが毎週2日ある。収録の終了時間もスケジュール上は決まっていただろうが、そんなことよりも「いかに面白いか」を最優先していたから、最高沸点の面白さ、最高潮の盛り上がりを記録しないと、収録は終わらない。だからスケジュール通りに終わらないことが常だった。

そこでの加藤さんは狂犬。つまり、ナイナイさんの生むポップで親しみやすい笑いを一旦《いったん》破壊する役割だ。

そのまま寝ずに『スッキリ』に臨むのだが、僕の記憶では、加藤さんが『スッキリ』に遅刻してきた回があったのを覚えている。寝坊ではない。『めちゃイケ』の収録が終わらなかったからだ。

別に、加藤さんだけが抜けることはできたと思う。生放送の番組に司会者が不在になるわけで、しかも他の番組の収録が理由なんて、吉本興業的にもマネージャー的にもそうして欲しいと願ったことだろう。けれど育ててくれた母船『めちゃイケ』の最高沸点が訪れぬまま、自分がいなくなるのは違うと思った加藤さんは、『スッキリ』の入り時間が刻一刻と迫る中、『めちゃイケ』内で吠《ほ》え続け、噛《か》み続けた。

結局『スッキリ』のスタート時間にも間に合わず、恐らく一晩中ずーっとバラエティを収録したまま朝を迎え、そのまま、しかも遅れて朝の顔を務める。

これほどの矛盾があるだろうか。

先ほどまで『めちゃイケ』の収録をしていたなんて『スッキリ』側からしたら知ったこっちゃない。もちろん視聴者にも関係ない。加藤さんは、人知れず、自分の中だけで切り替えなくてはいけない。自分は一体何者なんだろう。何度も思ったことだろう。

どんな場面でも同じでいいんじゃないか？　そう思ったことも当然あったと思う。けれど長年の経験と直感とで、それぞれ違うキャラクターでいる方が上手《うま》くいったのだろうし、精神衛生上も納得がいったんだと思う。だから、これが「答え」なんだ。

その、10年以上も前に編み出した秘技を、ゲストのパンサー向井に教える場に立ち会えた。とくダネを頂いた気持ちで、とてもスッキリした。

「3勝7敗になっちゃう」の真意

出演開始から7年が経ち、加藤さんは『オレたちゴチャ・まぜっ！』を辞めることになった。その時期にラジオで話していたことがある。

「4勝6敗を目指しているんだけど、どうしても3勝7敗になっちゃうんだよなー」

深い。土曜の深夜に軽く話すことじゃない。深すぎる。その真相について聞いてみた。

「全勝するやつなんて可愛げないじゃん、だから4勝6敗くらいでいいんだけど、いまだに1回多く負けちゃって3勝7敗になっちゃうんだよ。なんでだろ」

可愛げたっぷりにチワワが言った。だが、とんでもないドーベルマンの意見だと思った。

ここで言っている勝ち負け、というのは当然笑いのことだろう。与えられた番組で、会心の出来が10回中3回になってしまう——。けど我々後輩からすれば、どう見ても加藤さんは全勝だ。全部の番組が加藤さんらしいし、全部違う加藤さんで溢れている。完璧《かんぺき》じゃないか。だが、加藤さんの敵は加藤さん自身でしかない。自分なりに頑張って頑張って、考えて考えていないフリをして、そうして挑んだ結果が3勝。

だから3勝というのは充分にすごいとも思う。僕なんて、生放送や収録が終わった後に、今日は良くできた、自分を褒めてやりたい！なんて思うことは、ほとんどない。

それを毎日毎週繰り返しているのだから、加藤さんはもはや鉄人の域だ。

加藤さんのこの話には続きがあって、僕が特に大事だと感じたのは「負け方」についてだ。

全身全霊でぶつかった勝負で結果がたとえ負けであったとしても、それは勝ちに等しい負けだと加藤さんは言った。その負けは黒星ではあるけれどキラキラと輝いていて、蓄積されていくうちに、いずれギラギラな白星になる。だから、一言も喋《しゃべ》れませんでした、何もしませんでしたというような、そんな負けとは全然違う。逃げて負けてばかりだった当時の僕の胸には刺さりまくった。接戦で負けること、それは勝つことよりも、ときに大事なことかもしれない。

加藤さんだって本当なら全勝したい。絶対にそう思っているし、そのつもりでやっているはずだ。だからこそ、その後の勝敗は自分で決める。それが今の加藤さんらしさであり、その考えが誰にも真似《まね》できない加藤さんを作り上げたのだと思う。

全勝を目指したからこそ「オンリーワン」に

あるとき、ラジオで共演する若手女性タレントの一人が、フリートークで真剣にこう言い出した。

「あたし、ナンバーワンじゃなくて、オンリーワンになりたいんです」

どこかで聞いた歌詞に似ている。「ナンバーワンよりオンリーワン」。この発明はすごい。けれど加藤さんはそんな彼女を一蹴《いっしゅう》した。

「ナンバーワンを目指したことない奴《やつ》が、オンリーワンになれるわけないだろ」

今や、すっかりオンリーワンの加藤さん。20代の頃の極楽とんぼさんを見て、誰が朝の情報番組のMCをやっていると思ったか。誰がサッカー番組のMCを、誰が経済番組のMCを、誰がゴールデンの情報バラエティのMCをやっていると思ったか。

全部、捲《まく》った。覆《くつがえ》した。

芸人になった当初、加藤さんだって自分が一番面白い、俺たち極楽とんぼが一番面白い。そう思っていたに違いない。大阪の奴らがなんぼのもんじゃい、先輩後輩関係あるか、俺らが一番なんだ。

そんな思いで叩《たた》いたはずの東京吉本の重き門。くぐってみると、番組には自分だけ呼ばれず、ようやく呼ばれても中心にはなれず、後輩ばかりが売れていく。それでも諦《あきら》めず、腐らず、あくまでも常に全勝を目指し続けた結果、オンリーワンの加藤さんが今ここにいる。

最初から、「情報番組のMCやりたいなー」「サッカーが好きだからサッカーの番組とかできたらいいなー」。そんな気持ちで挑んでいたら加藤さんはあっという間に消えていたと思う。あくまで真ん中、あくまで先頭を狙《ねら》い続けたから、センターとサイドのポジションを同時に確立したんだ。だから、オンリーワンになりたいなんて口が裂けても言っちゃいけない。そんな奴は芸能界から消えるだけだ。

一回は霧だらけの道を走って、傷だらけになって絶望して、それでも踏み出す一歩からがようやく芸の道。そう、ナンバーワンもオンリーワンも、結局は同じことなんだ。

「世界に一つだけの花」

改めて歌詞を読んでみると、比較論のことも書いてあるし、頑張り続けて結果が出なくともそれはそれで美しいと書いてあったし、当然ナンバーワン、オンリーワンのことも書いてあった。良い曲だ。

そうか、加藤さんは単にＳＭＡＰのファンだったのか。

日本のしょうもない価値観を変える
EXIT

「相方の不祥事」で解散した者同士のコンビ

今、飛ぶ鳥を落とす勢いのお笑いコンビといえば、EXIT。これはもう間違いがない。ただ面白いだけじゃなくて、ネットを通じて若者も巻き込んで、グッグツの話題沸騰《ふっとう》状態だ。

業界関係者の中には、彼らの芸風についてどうのこうの言う人も少なくないが、この「若者を巻き込む」というのはとても大事だと思う。

新たな価値観を持った世代。いや、世代というのは失礼か。世代のせい、世代のおかげではなく、彼ら二人が歩んできたこれまでの道のり、そしてそれによって築かれた人生観が、今の日本を変えるほどの勢いを生んでいるのだろう。

りんたろー。と兼近大樹《かねちかだいき》。彼らはもともと別々のコンビだった。過去なんてどうだっていいが、どちらのコンビも将来を有望視されていた。しかしどちらも相方の不祥事により、消化不良のままに解散。この先一体どうなるのか……と思い悩む者同士で、コンビを組むこととなったという。

話は少し逸《そ》れるが、僕がこの本を書くにあたり一番大事にしているのは、その人が「絶望」を知っているかどうか。毒の沼地で溺《おぼ》れ、足掻《あが》き、でも、そこからさも当たり前かのように這《は》い上がり、さらに上へ上へ進もうとする人。

「憂《うれ》い」とも言うのだろうか。最近の言葉で言うのなら、「エモい」なのかもしれない。そういった傷だらけの芸人さんが大好きだし、心底尊敬できるし、応援している。

第7世代と呼ばれる人たちはまだまだ若い。それぞれが苦難や困難を乗り越えてきたとは思う。けれどＥＸＩＴはそのさらに先の「絶望」を乗り越えた、と僕は思っている。

そもそも彼らに出会ったのは、２０１８年。彼らがライブシーンでちょこちょこ有名になり出したくらいの頃だ。りんたろー。とは前のコンビの頃から、ライブで一緒になることはあった。楽屋で話したこともある。けれど兼近とは顔も合わせたことがなく、「えらい華のある奴がいる」と耳にするくらいのものだった。

そんな二人とEXITとして初めて接したのは、ヨシモト∞《むげんだい》ホールという若手がメインで出演する劇場で、僕ら平成ノブシコブシがMCをやった時のことだ。

初対面の舞台で兼近が

その日初めて会った兼近が、エンディングで「ちょっと聞いてくださいよー、徳井さーん」と声を張った。そんなタイプだとは思っていなかったので少し驚いたが、兼近に近付きマイクを向けようとすると、ズカズカと舞台のセンターまでやってきた。

「この前コンビ二人で占いに行ったんですよ、有名な先生のところ」

突然、何の脈絡もない胡散《うさん》臭い話をし始めた。

「そのおばちゃんが、部屋に入るなりバタバタ騒ぎ出して、すごいすごいって言うんですよ、EXITのオーラみたいなのがすごいって」

勢い良く話す兼近に、こちらはただコクコク頷《うなず》くだけ。

「それでようやくおばちゃんが落ち着いて占いをし始めたら、とにかく見えると。あなたたちの明るい未来が、って」

まぁ占い師だし、そんなこともよくある話だろうと思った。だがまさか、そんなただの自慢のようなオチのない話を、ライブのエンディングにわざわざぶち込んでくるわけもなかろうと、僕たちは待った。

「あのー、私テレビとか本とかね、本当に全然見ないからね、お笑いのこととかも全然分からないんだけどね」

一応自分たちが若手のお笑い芸人で、これからの芸能生活がどうなるかを占って欲しいとは伝えたそうだが、占いのおばちゃんはその辺には詳しくないらしい。

「だから、あたしはよく分からないんだけど、なんかあなた方の近くに、あのー、へ、へいせー？ へいさい？ のぶしのぶし？ こぶしこぶし？ あたしはちょっとお笑いとかに、詳しくないんで分からないんだけども、いるんじゃない？ そんな感じの人が、なんかよく分からないんだけども」

おばちゃんは捲し立てる。

「あ、えーと、平成ノブシコブシさん、ですか、ね？」

ドッキリかとも疑いながら、恐る恐るそりゃもうそれしかいないでしょーよ、ということで僕らの名前を挙げてくれたという。

「そ、それの、そのー、分からない。あたしは分からないんだけども、と、と、きい？ ときいさん？ なんか、そんな感じの人はいらっしゃらないかしら？ いや、あたしはよく分からないんだけどね？」

続けるおばちゃん。

もはやギャグじゃーん、と女子高生ばりに僕は心の中でツッコみながら聞いていた。

「徳井さんですか？」

「そ、そうそう！　そう、なのかな？　あたしにはちょっと分からないけどもね。その、平成なんたらかんたらの徳井さんって人のおかげで、あなたたちは明石家さんまさんの10倍売れるわよ！」

なんだよ、その摩訶《まか》不思議な話。

「嘘《うそ》つけ！」

と、僕も吉村もその怪しい占い師の話をいったん終わらせたが、僕の胸中は穏やかではなかった。

「俺のおかげで、さんまさんの10倍売れる？　なんだそりゃ。日本でさんまさんの10倍って、こいつらは『Mr.ビーン』でも撮るのか？　ローワン・アトキンソンにでもなるってことなのか？」

そんなわけない、と頭では思いつつも「徳井さんのおかげで売れる」と言われたことで、その日から僕のＥＸＩＴに対する目線は変わった。

勝手に「心のお兄ちゃん」を自認

二人の連絡先も知らないし、ご飯を一緒に食べたこともない。二人の素性はファンよりもきっと詳しくない。それでも、「俺はEXITの心のお兄ちゃん」的な、そんな勝手なイメージを持ってしまった。

EXITがMCを務めている『アベプラ』（ABEMA Prime）というニュース番組にゲストで出た時も、不思議な緊張感を持って出演したのを覚えている。フォローしてあげよう、などというお節介な気持ちはなかったが、折角番組に呼ばれたのだから他の人が言えないような、角度のあるギリギリな意見を言ってやろう、と、少し意気込んでいたのかもしれない。僕の発言がネットを賑《にぎ》わせて、EXITとこの番組が話題になると嬉《うれ》しいなと、心のお兄ちゃんというよりは熱心なファンのような、そんな気持ちで番組に臨んだ。

兼近の過去の話が世間に出た時も、僕にしては珍しくツイッターに自分の思うことを書き込んだ。占いのことがなかったとしても、過去を経た上での今現在の兼近と僕は付き合っている。もちろん兼近に限らずそうで、そんな気持ちからつぶやいたのだが、それ以上に強く指は己の意見を反映し、送信ボタンを押していた。

画面に少し、ヒビが入っていたかも分からない。

兼近の真理を突く言葉

しばらくして、新宿のルミネ the よしもとでEXITと出番が一緒になる機会があった。楽屋にも入らず廊下みたいなところで座り込んでいると、兼近が近付いてきた。

「最近どうだい？」

僕は照れ隠しなのか、そんなどうでもいい切り口で話しかけてみる。すると会話はいつの間にか、社会問題の話になっていた。

「いやー、でもりんたろー。って凄《すご》いよな、介護の仕事してるんだろ？　大変だろー？　俺には絶対できないなー」

僕が言うと、兼近は真面目《まじめ》な顔で「そんなこともないですよ」と返してきた。

「介護の仕事って、ある意味仕事って割り切らなきゃいけないと思うんですよ。今日伝えたことがまたできない、今日明日どころかいつまで経ってもできないかもしれない。あーなんでなの？　こんなに自分は頑張ってるのに！って、そんなことが当たり前のように起こると思うんですよ」

金髪の青年は滔々《とうとう》と喋っていた。

「そこでいちいち腹を立てることなくいたり、良くならない状況を上手いことスルーできたりするためには、ある意味の冷たさっていうか、冷静さが必要だと僕は思うんです。そこが、りんたろー。さんにはあって、それがきっとちょうどいいんだと思うんですよね」

僕は兼近をつい二度見してしまった。年下との何気ない会話で、ここまで虚をつかれたのは初めてだった。なるほど、確かに。激しくそう思ったが、プライドなのか恥ずかしさなのか、その感情表現もうまくできぬまま、りんたろー。の話から、兼近の話にすり替えた。

「か、兼近もすごいよな、ベビーシッターのアルバイトやってるんだろ？　大変だろ、子供って」

「そんなことないですよ」

僕の場つなぎの一言は、金髪に一蹴される。

「僕、子供好きですし、この子たちの未来のために少しでも……、って思ったら、多少のしんどいことや面倒なことにも耐えられるんです。逆に、僕には介護の仕事はできないと思います。愛を与えすぎちゃって、その見返りがないことに勝手にイライラしてしまうかもしれませんし。徳井さんも、そうなんじゃないですか？」

はい、全くその通りです。心の中で答えた。

「自分の子供を愛せない親もいる」

僕もベビーシッターと介護の仕事、どちらをやるかと問われれば迷いなくベビーシッターの方を選ぶ。どちらも同じく大変な仕事ならば、「子供たちの未来のため」に汗や涙を流したい、とそんなふうに思っていたからだ。

「だ、だったらさ、最近の虐待《ぎゃくたい》のニュースとか、見る度につらくなるだろ」

これは世間の大半の人も同じように心を痛めていることだろう。その赤ちゃん、僕にちょうだいよ、僕が愛情深く育てるよ——そんなこともよく思う。けれど兼近は、さらに上の考えを持っていた。

「もちろん、虐待は悲しいです。でも僕が思うのは、自分の子供を愛せない、という親も少なからずいる、ということを社会が認めること。そんな『親』のことを、なんとかしていかなきゃいけない、っていうことです」

チャラ男に感じた圧倒的な敗北感

ガツン、とレンガで後頭部を叩かれた気がした。後ろの壁の香盤表を見て、自分の出番がそろそろだということにも気が付いた。

「子供が可哀想《かわいそう》なのはもちろんですけど、子を愛せない親っていうのも確実にいて、僕はそういう現場を何度も見てきました。その親を非難するのは簡単だけど、そういう人間がある一定の数、必ずいるんだからその人たちをどうにかする、どうにかしていくんだ、っていう世の中にならないと、虐待は永遠になくなりませんよ」

恐れ入った。全くその通りだと思う。けれど、10歳以上も年下の彼と話すまで、そんな当たり前のことにも僕は気が付けていなかった。

子供が虐待されるニュースは悲しい。信じられない、涙が出る、許せない。そんなことをニュースのコメンテーターはよく口にする。ではどうすればいいのか？ その子を保護する、周りが目を光らす、学校が、友達が守ってあげる？

違う。それは応急処置であって、根本的な対処にはなっていない。これからも、きっと今も、虐待を受けている子供はいる。世界でみれば何百万人もいるだろう。

その子たちを全員助けるのは不可能だ。悲しいことだが仕方ない。理想を語るのは正義だが、それじゃ人は救えない。子供がいるなら確実にその親がいる。その親を、これからは何とかしなければならない。それが解決への最善策だろう。それは子供を産む前なのかもしれない。もしかしたらそれよりも、もっと前の話なのかもしれない。

けれど、変えていかなきゃいけない。

悲しい虐待のニュースをなくしたいなら、根っこにあるそういう現実を僕らは話していかなきゃならない。それを、この「ネオチャラ男」と呼ばれる若手芸人はすでに知っていた。現場を見て、気付いていた。

兼近にはバレなかったろうか、僕の圧倒的な敗北感を。丸めた背中のまま、僕は出番のため兼近と別れ、舞台に出て行った。

「ミスの少ない人間」を評価する日本

日本の芸能界はつまらなくなった。悪意のないミスは、許していくべきだと僕は思う。けれど日本は今、「どれだけミスの少ない人間かどうか」を評価する傾向にある。それは芸能界にも当てはまる。

馬鹿《ばか》言ってやがる。ビートルズがまともなわけない。ゴッホもピカソもチャップリンも瀬戸内寂聴も、まともなんかじゃない。まともじゃない人生だったから、まともじゃないほどぶっ飛んだ、素晴らしい功績を残しているんだ。

「そんな極論、いまの時代通じるわけないだろう」。そんな意見があるのもわかるけれど、僕個人はそう思っている。

アメリカは、失敗してからが人生のスタートだと聞いた。過《あやま》ちを犯した人間が、立ち上がるからこそ応援したくなる国民性。ドラッグ中毒になりました、でもそこから更生しました。人とは上手く付き合えません、けどものすごくアーティスティックなことができます。そんな寛容さが時にはあっていいと思う。

障害がある人たちのことを、神からのギフトをもらった人たち、と表現するとも聞いた。なんて素晴らしいんだろうな、と思う。

もちろんアメリカにだってさまざまな差別は存在するだろうけれど、それでも、日本で貴族のように恵まれた家庭に生まれ、たくさんの習い事をして、有名な私立を出て、上層部の人間とだけ付き合って、世間を知っているかのように喋る人間に、何が分かる。

間違って間違って間違って、間違いを認めた上で、それでも諦めなかった人の輝きの美しさを、僕は否定したくない。それが30歳だろうと60歳だろうと100歳だろうと関係ない。今はまだ途中なのかもしれないじゃないか。

ＥＸＩＴはまだ赤ちゃんみたいなものだ。ピヨピヨと鳴くひよっこ。みんなで伸び伸び育てよう。きっといつか、日本のしょうもない価値観を変えてくれる存在になるだろう。

そういう意味では、「さんまさんの10倍」という、その占い師の言葉にも頷ける。いや、どちらかというと、りんたろー。はニワトリか。でもまぁ、可愛《かわい》いことには変わりないか。

ギャンブル狂、苦手分野、スキャンダル……全てを笑いに

霜降り明星

すごいな、敵《かな》わないなと思う先輩は何人もいるが、後輩にはあまりそれを感じたことがない。「やるなぁ」という後輩は数人思い浮かぶが、敵わない、降参するしかないとまではなかなか思わない。僕が自分に異常な自信を持っているわけでは決してなくて、自分が想像できる範疇《はんちゅう》ならば、尊敬はしても恐怖までは感じない、といったところだろうか。

前フリが長くなりました。そんなこんなで今回語りつくしたいのは、霜降り明星。

こいつらは、ヤバい。恐怖の後輩だ。

「第7世代」ではない？

とはいっても、前述した「コウテイ」同様、霜降り明星（以下「霜降り」）ともあ

まり接点はない。劇場で会えば挨拶《あいさつ》くらい、テレビ局で会えば会釈《えしゃく》を交わすくらい。

彼らはいま若者に人気の20代を代表する芸人、いわゆる「第7世代」。そんな印象をお持ちの方が多いだろうが、僕は違うと思っている。偶然、若い世代にもウケただけで、本来は特に30代40代を笑わせることができる、稀有《けう》な若手だ。

背が高く独特のツッコミでおなじみの粗品と、小柄でぽっちゃりとした可愛らしい見た目のボケのせいや。二人は2017年には若手芸人の登竜門、『ABCお笑いグランプリ』で優勝、翌年には『M‐1グランプリ』も制覇。一躍時の人となった。

ただ、粗品は昔から有名だった。何年も前から「西にヤバい若手がいる」と仲間うちで噂《うわさ》が流れるほどだった。

『ABCお笑いグランプリ』よりもさらに玄人《くろうと》好みの芸人が躍進する『オールザッツ漫才』。僕らも過去に出たことがあるが、良い意味でも悪い意味でも、芸人が芸人を笑わせる純度の高いお笑い番組だ。深夜の悪ノリをそのまま等身大でお茶の間へ投影するマッドTV。

そんな番組で、2012年、弱冠19歳のピン芸人が優勝する。

粗品だった。

これがどれほどすごいことか。

正直、僕はのちに霜降りが獲《と》った「最年少でのＭ－1優勝」よりもすごいことだと思っている。何しろスタジオに多少のお客さんはいたとしても、本当に笑わせなければならないのはその場にいる30代40代の目の肥えた芸人たちだからだ。

彼らは、もう尖《とが》りはなくなってきた頃とはいえ、若手時代の発想や足掻きは大抵経験してきている。若手のネタやギャグを見てもほとんどが、「はぁ、なるほど、そういう感じね」といったことしか思わない。一番厄介な客だ。

冒頭でも触れたが、人間、想像できることには恐怖を感じないものだ。けれどその恐怖レーダーに、19歳、しかもパジャマ姿の粗品と呼ばれる少年が引っかかった。

それはフリップネタだった。フリがあって、ボケがあって、テンポがある大喜利で、しかも一人で勝負するのがフリップネタ。このタイプのネタも、大方想像はできるものだが、粗品のネタは、その想像を軽く上回った。

誰にでも伝わるであろう分かりやすい笑いどころと、分かる人にしか分からないセンスのある一言。それを時には丁寧に時にはがさつにと、ごった煮がごとく織り交ぜる。テンポも変調、変拍子なんでもござれ。

まさに新食感だった。若さや勢いからくる妙な自信を差し引いても、格段に面白かった。見ていた〝オジサン芸人〟たちは最初に抱いた嫉妬《しっと》や恐怖も忘れ、笑った。

周囲はネガティブに捉《とら》えた「コンビ結成」

オールザッツで優勝すると売れる。そんな伝説もある。芸人が面白いと思う芸人が、売れないわけがない。しかも笑いの本場・大阪。実際、オールザッツを見ている芸人やスタッフ、お笑いファンは非常に多く、笑い飯、友近、ジャルジャルなど過去の優勝者も実力者ばかりだ。

そんな番組での19歳のまさに超新星の誕生に、みんなが「ここから売れていくぞ！」と思った直後、粗品は大阪の知り合いを連れてきて漫才をやると言い出した。それが、せいやだった。

周りは「粗品一人の方がいい」「オールザッツも優勝したばかりじゃないか、まだまだこっからだ」と粗品がコンビになるのを止めたと聞く。一見ポップなせいやは、お客さんにはウケても芸人仲間やスタッフに刺さる感じではない、と。

そんな周りの意見を無視し、粗品は自分の直感を信じ、2013年にせいやと「霜降り明星」を結成した。そして周知の通り、後に堂々と『M－1グランプリ』を一本釣りする。漫画みたいな話だ。

「せいやの本気」

僕がせいやの本気を知ったのは、2017年のこれまた『オールザッツ漫才』だった。2018年に『M-1グランプリ』で優勝する前年、あそこでせいやは芸人やスタッフたちに認められたんだと思う。

出てきた途端、なにやら訳の分からないことを、ひとりでやり続けるせいや。理由とか意味とか、そんなのは分からない。とにかく意味不明なギャグのようなことを全身全霊で叫び続ける。隣には粗品。誰もが認める若きお笑いモンスターは、時々ツッコミは入れながらも隣でひっそりと牙《きば》を隠している。

ギャグと音ネタを混ぜたような理解できないネタを5分以上続けるせいやに、会場も「おいおい大丈夫か？　ここは若手の漫才劇場じゃないんだぜ？ オールザッツだぜ？」と静かにざわつく。だが徐々に客席も見ている芸人たちも巻き込み、大きな笑いを作り出していく。これはもう恐怖。自分には想像のできないお笑い。

圧巻だった。

無駄で理解不能な「粗品の非常識」

粗品が業界に好かれた後、霜降りの二人はお笑いファンにも好かれ、結果二人共が業界と世間に好かれていった。そのまままっすぐ王道を歩んでいってもきっと成功はしただろうが、そこは第7世代。二人はYouTubeという新しい媒体でもしっかり成果を上げた。

『しもふりチューブ』という公式チャンネルのなかで、僕は特に二人がギャンブルをやる回が好きだ。勝ったか負けたかなんていうのはどうでもいい。ここで見せる、無駄で理解不能で世間とはかけ離れた、特に粗品の非常識が、僕は大好きなのだ。

恥ずかしげもなく言わせてもらえば、あの粗品の感覚は、僕に似ているとも思う。

ある時、3日間で700万円の大負けをした粗品。もうこうなったらキリよく、トータル777万負けよう！　そう思ってミッドナイト競輪で勝負をしたが、運悪く320万超当たってしまい、そのひと勝負でプラスとなった250万ほどを全額寄付した。

皆さん、どう思います？　英訳してもらって、世界の意見も聞いてみたいところだ。

僕はというと、「なるほどー」と思った。実際に自分にはこんなことはできないけれど、でも、マインドというか、あり得るだろうなそういうことも、と。そんな既視感を粗品には覚えた。

これは僕の経験からだが、人間というものは、ギャンブルで負けが続くとおかしくなる。例えばパチスロの閉店間際《まぎわ》、負けが込んだせいか、メダルサンドへ千円札を投入し続けている人を見たことはないだろうか？

昔、大負けした僕は、命の次に大事なはずの1万円札を、グチャグチャに丸めてパチンコ屋のホールに捨てようとさえ思ったことがある。パチンコ屋の椅子《いす》と我がお尻《しり》は焼けて焦《こ》げ付き、閉店の23時を迎えるまで、絶対に離れない。この時の欲求は「今自分の財布の中に入っている札を全て吐き出してしまいたい」の一択なのだ。

ギャンブル依存症？　何か名前をつけるのだとしたら、確かにそうなのかもしれない。やれ依存症だ、やれ承認欲求だと人はなんでも理由と名前をつけたがる。

うるせぇ、やりてぇからやりてぇんだ。

これで充分だ。バカげているかもしれないけれど、少なくとも僕自身はそうだ。他人から何も言われたくないし、助けを求めているわけでもない。それがたとえ最低な理屈だと言われたとしても。特に芸人が世間と同じ感性でどうする、とも思っている。

いけいけ、粗品！　そうだそうだ！　そう、僕はいつだって応援してしまう。

苦手分野を笑いにできる仕事

霜降りの冠番組である『霜降りバラエティ』で、せいやが折り紙を折る回があった。

正確には、同期のコンビ、コロコロチキチキペッパーズのナダルとせいやが、自分の得意なことで勝負をするという企画だ。そこでナダルは、折り紙対決をせいやに申し込んだ。

ナダルとせいやの折り紙対決って、それ本当に面白くなるのか？　一抹の不安が頭をよぎるが、せいやはなぜか折り紙を上手く折ることができない。

は？　どういうこと？　そんなことあるの？

結果として、せいやは最後まで、幼稚園児でも折れる単純な紙飛行機が折れなかった。ものを綺麗《きれい》に畳んだり、折ったりすることがどうしてもできないらしい。結局、何分もかかってようやくせいやが折り上げたのは、グチャグチャの紙飛行機だった。

その後、二人は折り上げた紙飛行機の飛距離で勝負をするのだが、当然せいやの紙の塊はすぐに落下。ナダルの勝利となる。

折り紙を綺麗に折れないこと――例えばそれは「発達障害」なのだろうか。近年よく耳にする単語だ。

いや違う、それは「障害」なんかではない。個性だ。僕はずっと前から強くそう思っている。テレビで言うと誤解を受ける可能性があるからあまり言わないけれど、そういう「個性」は本来すごく素敵なことだ。

ＥＸＩＴの章でも触れたように、例えばアメリカでは生まれつきの障害がある人のことを、神からギフトをもらって生まれてきた人と呼ぶ。なんてグレイトな表現なのだろう。何かができないから何かに特化する。特に芸術家なんてみんなそうだ。ジョン・レノンもピカソもマイケル・ジャクソンも「普通」じゃない。普通じゃないからこそ、一方で超特化した才能を持っている。世間とはかけ離れた「芸術」を披露することができる。

せいやで言えば、折り紙は綺麗に折れないけれど、カメラアイを持っているという。見たものを瞬間的に写真のように映像として記憶できるのだ。そんなせいやのモノマネは抜群に上手いし、ドラマや映画のワンシーンを忠実に再現する話芸は聞いていて飽きない。

羨《うらや》ましい。

時代をひっくり返す才能の片鱗《へんりん》

それで『霜降りバラエティ』だ。折り紙が折れないせいやを「なんでだよ」とか「そんなわけないやろ」と、ただ一瞬の笑いのために切り捨てず、しかも、その姿をひたすら放送した。深夜番組とはいえ、なかなかできることではない。僕は、そんな粗品とスタッフに、分厚い愛情と彼らなりの主義主張を感じたし、何より、いまのテレビを、時代をひっくり返す才能の片鱗を見た。

世間の思う、腫《は》れ物。いじりづらい部分を容赦なく見せて、明るい笑いに変える。それはスキャットマン・ジョンを聴いた時のような爽快《そうかい》感に似ている。吃音《きつおん》で上手く喋れない、でもそれがなんだ。吃音を逆手にとって、誰にも真似できない音楽を作り出したスキャットマン。笑われて何が恥ずかしい。これが才能というものだろう、と。視聴者にはそこまで深い意味があるとは捉えられなかったかもしれないが、世の中に見せつけているようで、僕の心と目にはひどく痛快に映った。

霜降りに〝品〟がある理由は

そんな霜降り明星には品が感じられる。それはなぜだろう。

自分のためにお笑いをやっているというよりは、誰かを笑わせたい、誰かのためにお笑いをやっているんだ、と思わせられるからかもしれない。

大概の若手芸人は自己顕示欲が強く、他人を押しのけてまで前に出る。それが霜降りからは感じられない。元来、品を持っているんだと思う。

これは僕の主観だけれど、家族から愛を受けて育ってきたからだと推測する。愛を受けてきた人は、他人に愛を返すことができる。逆に愛を知らない人は、相手に愛を与えることが難しい。知らないことを教えることは困難だからだ。

二人の家族についてのエピソードをテレビやラジオでいくつか聞いた。粗品は自分の父親の闘病生活と亡《な》くなった時のことを、おもしろおかしいエピソードトークに仕上げていた。せいやは団地で家族5人が細々と暮らしていた過去を赤裸々に喋っていた。

二人とも、そこには家族への愛があった。きっと家族から愛を受けてきたんだろう。自分が愛されていることを自然なことのように感じながら生きてきたんだろう。だから番組のロケで、せいやが大阪の家族にマイホームを買ったのには全く驚かなかった。愛を受け取ったら愛を打ち返す。ラブテニス2021。

謝罪も自粛もしなかった「霜降り」流の答え

そんな霜降りの現段階での集大成は、ラジオだと思う。

いろいろやらかしたせいやが、報道直後の『オールナイトニッポン0《ゼロ》』で、謝罪ではなく、あのオールザッツで披露した全身全霊雄叫《おたけ》び芸をオープニングからやり続けた。しかもそこには、当時せいやの隣にひっそりと立っていた粗品ではなく、突っ込みマシーン完全体と化した粗品がいた。令和を生きる霜降り明星の答えがそこにあった。

どんなマイナスだってプラスにひっくり返せるし、好感度なんて株よりも読みようがない。怖くても、自分たちが好きなことを、信じることを貫きたい。少なくとも僕にとっては、これ以上に信頼できる概念は他にない。

自分たちが正しいと思うことをやり通せる人が多くなくなった時代に、霜降り明星は堂々とそれをやってのけた。きっとこれから二人は、日本の未来を照らす存在になる。第7世代は一時的なブームでは決して終わらない。

第1世代から第6世代まで巻き込んで、いずれやってくる第8世代までをも、きっと。

一か八か。正にギャンブル好きな粗品のためにあるような言葉だ。

粗品とせいや、もっとやれ。蹴《け》散らしてやれ。

ハライチ

嘘をつけない岩井、意外と人に懐かない澤部

ハライチが吉本を選ばなかった理由

岩井勇気と澤部佑《ゆう》。ハライチがワタナベエンターテインメントに入った理由をご存知だろうか?

ユーチューバーになるという選択肢がまだなかった時代、お笑いを志した人間は必ずどこかの芸能事務所の門を叩いた。少し大げさに言えば、それがどこの門かで、その後の人生が大きく変わる。そんな早過ぎる人生の大きな選択に、弱冠18歳の岩井青年はこう考えたらしい。

「吉本のような大所帯のなかでは、自分たちは目立てないかもしれない」

そして、数あるお笑い事務所のなかから、ハライチはワタナベエンターテインメントを選んだ。ワタナベの養成所のオーディションでは見事トップに輝き、授業料全額

免除の特待生となる。

岩井の読みはピタリと当たった。

「ノリボケ漫才」誕生の理由

そもそもハライチは、特に岩井は、売れたいからお笑いを始めたのだろうか？

もちろん、そんな思いもあっただろう。けれど、いつか岩井が言っていたのは、「M‐1で優勝したい」ということ。お笑いを始めた当初の理由は、シンプルにそれだけだった。

ハライチのネタ作りを担《にな》う岩井だが、もともとは王道と呼ばれるタイプの漫才が好きで、中学高校時代はボケとツッコミの応酬で笑いを作る「掛け合い漫才」に憧《あこが》れていた。けれど、面白い、すごいと思う王道漫才師たちはなかなかブレイクしない。それどころか解散する王道漫才師も出てくる始末。

「なんだそりゃ」

まっすぐで丁寧な漫才を頑張って磨いていたのに、売れて幸せになるのはひとひねり入れた、邪道や覇道を歩んでいる芸人ばかりじゃないか。

そして岩井はハライチの大発明である、澤部のノリボケ漫才を作り出す。当時のお笑い界は沸いた。ハライチという若手が、とんでもない量の笑いを取っている。噂で持ちきりになった。まさに新星現る。

デビューからたった3年後の2009年にM-1の決勝に進出したことで、お茶の間にも一気に知れ渡った。それからは澤部の器用さと可愛らしさであっという間にハライチは売れていった。

僕らよりも6年ほど後輩だが、2010年に『ピカルの定理』というコント番組のレギュラーとなり毎週共演することになった。どちらかというと僕は岩井の方と親しくなり、何度もご飯を食べに行った。「梅干しが嫌い」とは言っていたが、ご飯に行けば何でも美味《おい》しいと食べてくれる。

ところがある日、岩井は突然何も食べなくなった。ヨーグルト一つしか食べない、そんな日もあった。一体どうしたのかと聞いてみると、こう答えてくれた。

「最高の28歳になりたいんです」

当時、岩井は「28歳が人生で一番格好良くなれる歳《とし》だ」と考えていたらしい。

だから28歳で一番体を絞り、髪型も自分の思う一番格好良いものにして、記念に写真を撮っておきたい。自分は今、最高の28歳に向けてダイエットをしているんだ、と。

「そうか」

あまり納得できなかった僕だが、その場では平静を装《よそお》った記憶がある。

そんな「最高の自分ダイエット」の最中でも、岩井は僕と一緒にご飯を食べに行ってくれた。僕がどうしてもラーメンが食べたい、と言った時もついて来てくれた。無論、ラーメンはカロリーが高い。旨《うま》いものは太る。ダイエットの天敵だ。けれど岩井はなんのためらいもなく、僕と一緒にラーメンを食べてくれた。とても優しい後輩だ。

ラーメンを食べ終わり、店を出る。「美味しかったな」なんて言いながら道を歩いていると、岩井が近くの公衆トイレに駆け込んだ。しばらく待っていると、少しげっそりした様子で帰ってきた。

「ラーメン吐いちゃいました」

とても可愛い後輩だ。（良い子のみんなは真似《まね》しないでください）

岩井が不貞腐《ふてくさ》れていた頃

フジテレビでコント番組をすることは、芸人の夢だった。今の若い世代にはわかってもらえないかもしれないが、『ダウンタウンのごっつええ感じ』『とんねるずのみなさんのおかげです』『めちゃ×2イケてるッ！』『はねるのトびら』など、フジテレビのコント番組への出演はスターへと続く道だった。

だがもちろん、その道を歩めるのは、ほんの一握りの芸人だけ。ただ、そのレールに乗れたらあっという間にスーパースター。僕と岩井がフジテレビのコント番組『ピカルの定理』のレギュラーになったのは、そんな時代だった。

今では岩井もアニメやエッセイ、ラジオなど自分の得意分野で伸び伸びと楽しそうに芸能生活を送っているように見えるが、『ピカル』の頃は辛《つら》かっただろう。出演していたはずのコントから、CGで消されたこともあったらしい。

僕も同じだ。実際僕や岩井はキワモノで、腫れ物みたいなものなんだろうが、当時まだその自覚はなかった。

どの番組に呼ばれても求められるのは、お互いの相方の吉村と澤部。僕らは置物のように黙り、不貞腐れる毎日だった。僕と岩井が腐りきっている頃、吉村と澤部はどんどんと、キラキラギスギスした戦場に駆り出されていった。

意外と人懐っこくない澤部

澤部のポテンシャルはすごい。

坊主《ぼうず》で童顔、しかも少し太っている可愛らしい見た目で、何もかもを柔和にできる。

ジミー大西さんや狩野英孝くんのような、誰からもいじられる可愛げがありながら、フットボールアワーの後藤輝基《てるもと》さんや、小籔千豊《かずとよ》さんのように切れ味鋭いツッコミの技術も持っている。

矛と盾のようなもので、両持ちは現代科学では不可能とされていたハイブリッド型ツッコミだが、澤部は両方兼ね備えている。そりゃあ売れる。いわば化学調味料と同じで、とにかく澤部がいれば面白くなる。使う側からすれば、とてつもなく便利だったに違いない。

そんな澤部だが、実際に可愛いかというと、これがどうしてそんなでもない。瓜坊《うりぼう》のような見た目は可愛いが、意外と人懐っこくない。

逆に一見ハリネズミのような岩井の方が、人懐っこい性格の持ち主だ。このギャップも面白い。ハライチの深みだと思う。

年を取れば取るほど、このギャップはますますハライチの武器になっていくだろう。

澤部はよくピースの綾部祐二に怒られていた。

「なんで電話したのに掛け直してこねーんだよ」

「すいませーん！」と澤部が謝る光景を、僕は100回以上は見た。ということは、きっと他の先輩からもゴタゴタと言われていたに違いない。

ただ、人付き合いで疲労困憊《こんぱい》している人よりはずっとマシだ。他人に振り回されて自分のパフォーマンスが落ちてしまうような本末転倒なことに、澤部はきっとならない。それが澤部がメンタルを保てる秘訣《ひけつ》なのだと僕は勝手に思っている。眠たいから行きたくないです、疲れているからやめておきます。そんなふうにはっきり答える澤部のことを、羨ましいと思う人も少なくないはずだ。

下心を持たず、嘘をつかないスタイル

対して岩井はフットワークが軽い。軽いどころか、なんの脈絡もなく突然電話がかかってくることがよくある。

「暇だったらご飯でも食べませんか?」

好き嫌いのはっきりしている岩井のことだから、きっと誰にでもやっているわけではないだろう。やはりこういう行動は可愛いと思ってしまう。岩井に妙な下心があるわけでもない、ということも分かっているからなおさらだ。

そうか、ハライチには下心がないんだ。だからあれほど分かりやすく、みんなに親しまれているのか。そういえば、『アメトーーク!』で一緒になった時に楽屋で話していた。

「僕らって、嘘ついちゃダメですよね」

なるほど、そうかもしれない。というより、嘘をつくのが下手なだけかもしれないが、ほとんど嘘をつかないで生きている。

自分にも他人にも、なるべく正直に生きている。もちろん誰かを傷つけるためではなくて、それが誰かの役に立ったらいいな、と思いながら真《ま》っ直《す》ぐに生きている。

僕らは腐っているのか？

世間は「腐り芸人」という『ゴッドタン』での企画が注目されたことで、僕や岩井は腐っていると思っているかもしれないが、それは違う。世の中の方が腐っている。生活しているなかで、腐っていることを知ったり、耳にしていたりするのに、その腐った部分を見て見ぬふりをしている。

みんなで仲良くワイワイ会食をした後、個人的なＬＩＮＥで、私あの人のああいう所嫌いなんだよね、と盛り上がる。定食屋さんのテレビでワイドショーを見て文句を言いながら、目の前の食べ残しを何とも思わない。他人の非を直接指摘せず、陰に隠れてそれを別の誰かに告発する。

よく見る光景だ。

多くの人が、空気を読んだフリして、忖度《そんたく》をしていることを僕らは不器用に発信しているだけだ。と、格好つけるとそういうことになるんだろうな、と楽屋で喋《しゃべ》りながら思った。

世間に媚《こ》びない岩井が認められた瞬間

だから岩井が以前ラジオで、あるスポーツ選手に対しての世間の考え方について話をしたことで、リスナーやファンが多少ざわついた回があったけれど（澤部もざわついていた）、岩井は間違っていなかったと僕は思う。というより、自分が考えたことなのだから間違っているとか正しいとか、そんなものではそもそもない。そう思ったということと以外の何ものでもない。

それに、世間の大勢とは違う意見をはっきりと言える人、行動に移せる人を世の中はずっと求めている。だから岩井は売れた。認められた。

岩井はラジオという表現することにおいて最高の環境で、跳ねた。その後、当然ラジオ以外にもその反響は伝播《でんぱ》していく。

岩井は今も昔も何も変わっていない。どう思われようとか、どうしたら人に好かれるかなんて、そんなことを考えていない。

そして、そういう人間は一度認められたら強い。有吉（弘行《ひろいき》）さんやマツコさんもそうだ。きっと岩井は、今後何年もメディアに必要とされると思う。

その横には、全然人に懐かない可愛い瓜坊がいる。ハライチはまだまだ売れる。

「芸人の周りで面白いことが起こる」は間違い

話は少し逸《そ》れるが、僕の好きなトークで千原ジュニアさんの「セミ」の話がある。先輩のトークをここに書くのもどうかと思うが、ジュニアさんが披露してから時間が経《た》っているのと、暗記するほど大好きな話なので、概要だけでも書きたい。

セミは可哀想だ。たった1週間の命は切ない。でもよく考えてみてくれ、あの小さな体で人間の鼓膜が破れるくらいの音量を1週間出し続けたら、そりゃ死ぬって……というジュニアさんならではの視点のお話。

それが科学的に根拠があるかどうか、正解か不正解か、そんなことはどうでもいい。僕が感動したのは、みんなが当たり前だと思っている考えを、たった一つのアイデアでひっくり返せるトーク術だ。ジュニアさんの話には、いつも驚かされる。

セミというなんでもない対象に、それこそジュニアさんにしか思いつかないようなエッセンスが加わることで、独特なエピソードトークに化ける。魔術のようなそのスタイル。

当然、ジュニアさんの周りで面白いことが頻繁に起きているわけではない。みんなの周りに起きていることを違った角度から見る柔軟性と勇気。破壊と創造の力。

「不正解」を恐れない岩井

勇気といえば、岩井勇気。岩井の視点もすごい。

「だったらやめちまえ」

「腐り芸人」の企画で何回聞いたか分からないフレーズだ。

世の中、特に日本では「やめないこと」「諦《あきら》めないこと」が美徳とされる。

「夢はいつか叶《かな》う」

そんな綺麗事が飛び交っている。

けれど現実はそうじゃない。諦めたっていいし、やめたっていい。続けることだけが正義じゃないし、新たな道が正解の場合だって多々ある。批判を恐れることなく、岩井なりの真実をメディアを通して伝える、その勇気。

岩井の言っていることは「不正解」なのかもしれない。だがそんなことはやはり、どうでもいいのだ。自分が思ったことを話す、話せる。それができるかどうかが、人間として生きていく上でとても大事だと僕は思っている。

反逆心の岩井、本心を隠す澤部

この前、ダウンタウンの松本さんと中居（正広）さんがメインの特番で、ミュージシャンの甲本ヒロトさんが言っていた。

「今の世の中は、正解を求め過ぎる」と。

少なからず、僕はエンタメで正解を見たくない。不正解を、どこまで正解なように見せつけられるかを見たい。

SNSの功罪だとは思うが、みんなが同じ方向を向くのが正義になってしまった。みんなと違う方向を見ている人間は、協調性がない悪だと叩《たた》かれる。けれど人の奥底に眠っている反逆心を隠さず、一見間違っていることを、さも正解に見せつけられる人はとても魅力がある。

そう、岩井は魅力的だ。逆に澤部は本心を隠し、世の中と同じ方向の正解を謳《うた》う。そんな可愛らしい瓜坊とのギャップから、岩井がいっそう狂気に満ちているかのように見えるのだろう。

人は誰でも間違える。間違えを正すべき時もある。でもそれを「世間の多数派だから」という理由で正すのでは意味がない。だったら正さない方がまだマシだ。世間とズレていたとしても、本心から自分が間違っていないと思うなら、逆行したその先に大輪の花が咲くことだってあるはずだ。もちろん、人をむやみに傷つけたり差別を助長したりする表現はアウトだけれど。

2021年「M-1ラストイヤー」のハライチ

M-1優勝を夢見て入った芸能界、2018年から20年までハライチはM-1に出なかった。あの岩井のことだから、考えに考えた末の結果なのだと思う。『M-1グランプリ』や『キングオブコント』などの賞レースは、出場している方が周りからの印象もよく見える。だから僕らも本心では決勝進出を諦めた後も、なんとなくの気持ちでそういう大会に出続けていた。

そうするとファンや周りの人たちは、安心する。勝手に「頑張っている」と思い込む。だがそれは、その人の物差しだ。

僕らノブシコブシはというと、ロケやスタジオの仕事が増えていた頃だったから、ネタに費やす時間よりもテレビへ向かう時間が必要だった。そもそもネタに対する自信もなく、努力もしなかった。でも、大会には出ようと思えば出られる。ただ、あの時の僕らのネタの状態で出ることは逆に失礼だと思い、途中からは大会に出ることもやめた。

近くにいた同業者やファンたちは、ノブシコブシはお笑いを諦めた、お笑いをやめた——そんなことを言う人もいた。僕らが僕らなりにお笑いと闘っていたことは、すぐには分かってもらえなかった。

岩井が何を考えているかは分からないが、正統派漫才が好きだったのに、漫才の常識を覆《くつがえ》す発明をし、吉本に憧れの先輩がいたにもかかわらずワタナベを選んだ。

2021年、ハライチはM‐1のラストイヤーだ。

今ならば、ハライチの持つ個性と独特な切り口の毒と可愛げで、若かりし頃に諦めた王道漫才が完成するかもしれない。間違った君たちの「正義」、ファンとしてはやっぱり見せつけて欲しいよ。なんてったって、ハライチはまだ現役バリバリだから。

消えた〝無駄〟と〝熱量〟
コロナ禍のバラエティ番組

ピンチはチャンスで、チャンスはピンチ

よく聞く言葉だが、芸歴20年の僕は、この言葉をいつも肝に銘じて生活している。ピンチにやっと放ったヒットやツーベースは信じられないくらい褒められるのに、チャンス時に放ったヒットやツーベースはそれほど褒められず、当たり前のように時間が過ぎていく。ピンチで打ったホームランは人生を変えることもあるが、チャンスの時のホームランはほとんど人々の記憶に残らない。

コロナで社会は変わった。ピンチの人も沢山いるだろう。

芸能界もコロナで変わった。

リモート出演や別室からの中継が増え、今まで当たり前のようにあった大人数がひしめく「ひな壇」という文化は脆《もろ》くも消えた。それは、断捨離にも似ている。ときめくものと、ときめかないもの。ときめかないものは全部捨てられた。

「僕、この番組に必要なのかな？」

そんな仕事は一つ残らず消えた。

代わりに来るのは、意味のあるものがほとんどで、今までのように拍手をして笑顔を作っていればいいポジションは消え失《う》せた。

「よくいるけど、あの人は何をしてる人なんだろう？」

そんなスタッフさんも窮地に立たされたはずだ。

それはきっと芸能界以外も同じだろう。

窓際族、なんて言葉はなくなっただろうし、コロナのせいで路頭に迷う人も少なくないと聞く。生活が苦しくて芸人をやめる決断をした仲間も結構いて、僕なりにその深刻さは感じている。

だがここで、コロナのせいにして人生を投げ出してはもったいない。このピンチのなかにも、きっとチャンスも転がっている。僕はそう信じている。

『テレビ千鳥』に感じたテレビ愛

例えば、無駄な飲み会や付き合いも全《すべ》て吹き飛んだ。無下《むげ》にしてはいけないと思い込んでいた、あの頭を抱える相手からの連絡なんぞ、実は無視していいんだと気が付いた。必要なものだけが残った。

2020年の6月、『テレビ千鳥』の放送で番組のDVD発売を記念した回があった。今までの面白かった放送を振り返りながら、みんなでわーわーと楽しむ、よくある宣伝企画だ。

それこそ、リモートで充分だ。MCの千鳥さんと、モデルさんなどの女性ゲスト、そして安心してトークを任せられる何人かの中堅芸人をリモートで繋《つな》げば、充分最高な番組になる。何しろ素材はもうあるし、売れっ子千鳥の看板番組『テレビ千鳥』。何の心配もない。

だが、収録はなぜかテレビ朝日の屋上で行われた。ソーシャルディスタンスと換気という大義名分のもとで。

しかも、スタッフの数もお天道《てんと》様の下、深夜のバラエティ(当時は深夜放送)とは思えないくらい、たくさんいた。逆に出演者は千鳥のお二人、麒麟の川島明さん、狩野英孝くん、そして僕だけだった。

雲ひとつない青空が広がり鳥の囀《さえず》りが聞こえるなか、32インチくらいのモニターに流れるVTRを観《み》ながら、『テレビ千鳥』を5人で振り返る。そんな一見シュールにも思える光景に、僕は『テレビ千鳥』のプロデューサー・加地倫三さんの並々ならぬテレビ愛とバラエティ愛を感じた。

リモートでは絶対に生まれないもの

加地さんといえばテレビ朝日の名物敏腕プロデューサー。『アメトーーク！』『ロンドンハーツ』をはじめ、テレ朝の看板番組をいくつも手掛けている。

僕も加地さん演出の番組に何度か出させてもらっているが、加地さんが仕切っている番組はどれも、編集が本当にエグい。いい意味で、エグい。

というのは、どんなに収録現場でスベったとしても、オンエアではとても面白くなっている。また、台本通りにやれば、ほぼ完璧《かんぺき》な流れになるように仕上がっている。それだけ沢山の時間と多くの脳みそとこだわりが台本には詰まっていて、盤石《ばんじゃく》の体制がすでに整えられている。

だが、芸人が何人か集まれば必ず不協和音が生まれるものだ。わざと不協和音を鳴らそうとする人もいる。有吉さんやザキヤマ（アンタッチャブル・山崎弘也《ひろなり》）さんは、

「壊して創《つく》る」天才だと思う。その耳慣れない音に若手がもがき、台本を超える展開が生まれ、誰も想像しなかった結果に結びついたのを、今まで何度も何度も見た。

それが、リモートで生まれるか？　僕は絶対に生まれないと思う。

編集して放送されるから分からないかもしれないが、台本にはないことを言いたいと拳《こぶし》を握る若手芸人の鼻息と、その空気が周りにもたらす影響。そんなリアルな熱や言葉たちの積み重ねがあるからこそ、『アメトーーク！』や『ロンハー』は世代を超えて愛される長寿番組になったのだろう。

だから、『テレビ千鳥』のDVD発売スペシャルはわざわざ屋外で、リモートではなく実際に芸人が顔と顔を見られ、互いの空気を感じられる状態で収録したんだと思う。

そこにキャスティングされたのが、どんなミスパスも華麗に受け止めるお笑い界のメッシこと麒麟・川島さん、不協和音を生み出す天才・狩野英孝、『テレビ千鳥』研究家の僕。

そこにMCの「大千鳥」がいれば、台本の想像を超えてくれるはずだ。

緊張した。

そもそも尊敬する先輩である千鳥さんと川島さんと共演する、というのもあったけれど、ただ呼んだんじゃないよ、ちゃんと仕事してくれよ、これだけの場とこれだけのスタッフがいるんだから……。その重圧も、やはりリモートからは生まれないだろう。

同業者を笑わせるための笑い

コロナで、テレビの収録から観覧客はほとんどいなくなった。

だが、笑い声がスタジオから消えた、というわけではない。

スタッフ、関係者、共演者が観覧客も兼ねることになった。こうなると、場は少しディープになる。簡単には笑わない同業者たちを笑わせるためには、一層深めな笑いが求められる。それが、僕にとっては好都合だった。

劇場でもテレビの収録でも、お客さんから笑いをとるのが僕は下手だ。芸人として致命的だとは思う。けれど事実だ。しかも、特にテレビ収録では若い女性の観覧客が多かった。僕の天敵に近い。そもそもよく知らない上に可愛《かわい》げがまったくない僕なんかの話すことでは、全然笑ってくれなかった。

お客さんにウケない「朴訥な一言」で乗り切れるように

これを一度千鳥のノブさんに相談したことがある。

「自分が面白いと思ったことを言った後に、お客さんに合わせた笑いで落とせばええねん」

なるほど。

いや、そんなんできるかぁ！

長嶋茂雄さんが「来た球を打てばいいんじゃないですか？」と、スランプに陥った選手に言ったと聞いたことがあるが、それに近い。なかなかできない。できる人は天才だ。何度か試みてはみたが、やはり上手《うま》くいかない。

ノブさんの話を受け、いろんな番組を観てみると、一線で輝いている芸人さんたちはみな、形は違えどノブさんが言っていたのと同じようなことをやっていた。

2段階のコメントを流れるようにスイッチして、関係者と視聴者を納得させながら笑わせる、という神業……。それをやってのけていた。

僕ができることといえば、自分が面白いと思ったことをシンプルに話すことなのだが、そんな僕の放った朴訥《ぼくとつ》な一言を笑いに昇華してくれる人が収録現場にいる時はなんとかなる。これまでは、そんなふうに人任せな状態で、呼ばれた仕事を自分なりに頑張っていたつもりだった。

だがコロナ禍で無観客になり、朴訥な一言だけで何とかなるようになってきた。

アイドル番組で求められるもの

こんなことになるなんて、誰が想像しただろう。

若手の頃、先輩である2丁拳銃《けんじゅう》さんのトークライブに呼んでもらえた時があった。当時、ヨシモト∞ホールではそこそこ笑いを取っているつもりだった僕は、その現場でも同じように自分が面白いと思うトークをした。しかし、全然ウケなかった。だが、2丁拳銃の小堀《こほり》さんや修士さんを絡《から》めたトークをした時はウケた。その時に学んだ。その場の主役を絡めた話じゃないと、最初は誰も自分なんかに振り向いてくれないんだ、と。

だからアイドルグループの番組MCをする際、その場に観客がいた場合、とにかくそのグループや現場に寄せたトークをするようにした。

もちろん苦手だったが、そこで尖《とが》ってスベっても仕方がない。当然のことだけど、仕事としてやるべきことは、番組を盛り上げることだからだ。お客さんの顔色をうかがいながら、無難なトークで目立たないようにやり過ごしていた。

時代は変わり、アイドル番組もバラエティ同様、無観客になった。もうその場の空気を、お客さんの顔色をうかがう必要がなくなった。自分の言いたいことを言えるようになった。

それはアイドルたちも同じだ。鎧《よろい》を脱ぎ、素顔になった彼女たちと番組をやっていると、芸人からの無茶ぶりに食らい付き、結果を出してくる何人かが目立ってくる。グループという外枠がなくなった後、個人戦になった時のその差は明白だ。峯岸みなみさんや朝日奈央さん、菊地亜美さんの現在のバラエティでの活躍は、アイドル時代から鎧を脱ぎ殻を破り続けた結果なのだと思う。

「スベるくらいなら、喋らない」という最低な思考

ある日家で『ダウンタウンDX』を見ていて「羨ましいなぁ」と思ったことがある。バラエティ番組は、どんなに楽しく現場をやり過ごせても、芸人となると楽しいだけでは終われないものだ。ウケたらウケたで「なんとかやれた」と安堵《あんど》のため息をつくだけだし、スベったらスベったで後悔のため息をつくばかり。

MCがダウンタウンさんとなれば尚《なお》のことだ。あまりの緊張から記憶が飛ぶ若手は少なくないだろうし、普段の力を発揮することもなくその場を去る芸人も多々いることだろう。

しかも『ダウンタウンDX』はほぼ生放送のように、まるで無駄のない進行で収録

される。

多くの豪華ゲストの中、毎回何名かの芸人が出演する。タレントさんやモデルさんや俳優さんがスベるのは許されても、芸人がスベるのなんて許されやしない。そんな「捨てる時間」は一秒たりとも存在しない。

もちろん、たとえスベったとしても英雄ダウンタウンさんがなんとかしてくれる。だが、英雄の前で恥なんかかきたくない。

だから、途端に体は鉛のように重くなる。スベるくらいなら、喋らない方がマシだ。そんな最低な思考に陥ったことが、僕にはある。

大人数の豪華ゲストを前に、自分が出るチャンスは1度か多くて2度。そこで及第点を取れれば良しとする、意識の低い芸人が僕だったのだ。

「いや、でもそれって」

台本にない、流れに逆らう一言が頭に浮かんでも、口から発するまでに恐怖と理性が喉《のど》を締め付けてしまう。

家に帰ってから、あの時あの一言がもしも言えたらウケてただろうなぁ、なんて不味《まず》い酒を飲む日々。

無駄なこと、余計なことから生まれる躍動感

ところがコロナで状況は変わった。

喋るか喋らないか分からないようなゲストはいなくなり、あのダウンタウンさんと、それぞれの出演者が対等に話すチャンスが得られるようになった。

もちろん喋るからには意味が必要だし、着地点・オチが必須《ひっす》ではあるが、今までのような物理的な密状態、群雄割拠時と比べればきっと気が楽に違いない。

先ほど書いた、羨《うらや》ましいと思った『ダウンタウンDX』とは、千鳥さんとEXITが出ていた回だ。

ゲストの数が減り、以前のような秒刻みではない進行なので、そこには隙《すき》が生まれる。その隙に、独自の個性と発言を差し込むEXIT。きっと今までは、帝王ダウンタウンさんの前でできなかったはずの隙の故《ゆえ》だろう。

そのEXITが放った、伝わりづらかったり通じなかったりする未完成な塊を、千鳥さんが形を整えて視聴者や現場スタッフに投げ返す。その予想外の展開を、ダウンタウンさんがまたさらに形を変え、笑いに昇華させてお茶の間に差し出す。

「芸人って、やっぱすげぇんだ」

僕は思った。

もちろん『ダウンタウンDX』はずっと面白い。でも芸人が余計なことを言い出した時は、もっともっと面白い。

無駄なこと、余計なことを何とか成立させようとしているそのスタジオからの、荒い鼻息と生唾《なまつば》を飲み込む音が僕には聞こえた。現場の生々しいまでの躍動感が、テレビから漏れ出していた。

「テレビはオワコン」なのか？

テレビはオワコンだと、もう何年も言われ続けている。確かにネットが発達し、テレビ離れが目立つようになった。そこで諦める人、辞める人、シフトチェンジする人を多く目にした。

ところがコロナ禍によって「本物」が立ち上がった。タレントも芸人もそうだし、スタッフさんもそうだ。ピンチがチャンスに変わっていく。

時間と神経をすり減らしてまわってきた、9回の裏。これは逆転満塁のチャンスなのかもしれない。あとは来た球を打てばいい。

目を瞑《つむ》り、思いっきり振る。逆転満塁バラエティ。

M-1で松本人志に放った〝あの一言〟で覚醒《かくせい》ニューヨーク

面白いのに売れなかったニューヨーク

「そのまま頑張ってたら売れるよって、いろんな先輩に言われたけど、うんともすんともならんかったからいろんなことをやった。テレビに出ている人はみんな嘘《うそ》つきや！　今田さんに東野さん、聞いてますか⁉」

屋敷（裕政）がことあるごとに言っている。だが、結果、やはり売れた。ほらね、先輩たちはみんな嘘つきじゃなかったでしょ？

ということで、今回はいまノリに乗っている、屋敷と嶋佐《しまさ》（和也）のコンビ「ニューヨーク」についてだ。

ずいぶん前からお笑い界において、ニューヨークの名は轟《とどろ》いていた。

「面白い奴《やつ》らがいる」

この業界、こういう噂《うわさ》はとにかく早い。ライブシーンでニューヨークは2010年の結成1年目から活躍し始める。同期がすぐに有名になったお陰もあると思う。マテンロウ、デニス、西村ヒロチョ、横澤《よこさわ》夏子、おかずクラブ。少し後には鬼越トマホーク。とんでもない期だ。

というのも、若手芸人が先輩と話すとき、必ず「同期は誰だ？」と聞かれる。先輩からしてもそんなに聞きたいことではないのだろうが、会話の糸口として同期の話は必須だ。人によっては会う度に聞かれる。そして、天気の話くらい覚えちゃいない。

そこで若手ながらすぐにテレビに出られたマテンロウやデニス、おかずクラブに横澤夏子、西村ヒロチョらも、きっと先輩に「同期は誰だ？」と聞かれ続けたに違いない。まず上記のメンツを挙げつつ、最後の方にはニューヨークの名前も出していたと思う。しかも、「面白いんですよ」というおまけを添えて。

すると先輩や関係者の間で「ニューヨークってのが面白いらしいで」と、ごく自然に微《かす》かだけれど追い風が吹き始める。そして、彼らはちゃんと面白かった。

2019年、20年と『M‐1グランプリ』の決勝に2度も進出、また20年と21年には『キングオブコント』の決勝にも進出し、20年は見事準優勝した。実力は証明されている。

　そんなニューヨークだが、彼らがまだ賞レースで大活躍をする少し前の2018年に『ゴッドタン』の「腐り芸人セラピー」にゲストで来たことがあった。

　腐り芸人セラピーとは、心に闇《やみ》を抱える芸人が「腐りトリオ」と呼ばれる3人（インパルス板倉さん、ハライチ岩井くん、僕）に悩み相談をする企画だ。そこで、冒頭で触れたような今田（耕司）さんや東野（幸治）さんと同じことを、腐りトリオ、おぎやはぎさん、劇団ひとりさんといったその場にいた皆が口にした。

「ニューヨークはそのままでいい、いつか絶対に売れるから大丈夫」

　僕も本当にそう思っていた。だからそう言った。

　同期も認めている通り、ニューヨークはずっと面白い。ちょこちょこテレビにも呼ばれる。でも、波に乗り切れない。2013年には『バチバチエレキテる』というフジテレビのコント番組のレギュラーにもなったが、半年も経たずに番組は終了。なかなかどうして、上手いことといかない。

「売れたい」か「面白いと思われたい」か

　そうこうしている間に、同じような境遇だった同期の鬼越トマホークがテレビに呼ばれ出す。焦《あせ》ったと思う。またしても同期が売れていく、俺たちは一体いつ売れるんだ――。

そうやって数年間くすぶり続けたニューヨーク。いまのままやっていても売れやしない。必死に考えた結果だろう、単独ライブを重ね、YouTubeも始めてみたら、ようやく売れる兆《きざ》しが見え始めた。

だから彼らは言う。憤《いきどお》りを爆発させながら。

「みんな嘘つきじゃないか、そのままやってても売れないじゃないか……！」

芸人は大きく分けて「売れたい」か「面白いと思われたい」かのふたつに分類できる。

僕が考えるに、「面白い」のは才能はもちろんだが、努力でカバーできる部分もある。けれど、「売れたい」というのは、売れていない状況から、本質的な何かを変えなければ手に入らないものだと思う。そして、「面白くて売れている人」もいる。そういう人たちにはみんな、「売れる」きっかけがある。

褒められたり、お客さんにウケたり、お金が手に入ったり、モテたり……おそらくいろんな理由があると思うのだけれど、共通しているのは、面白いと言われている人たちは、ある日を境に突然売れ始めるということだ。その日というのはきっと、「売れるためにシフトをチェンジする日」なんだと思う。そうでないと、売れることはかなり難しいはずだ。

ケンコバさんの覚醒

僕がゲストを迎えてトークするYouTube『酒と話と徳井と芸人』で、桂三度さんから聞いたのは、ケンドーコバヤシさんがある日から突然変わったという話だ。もちろんケンコバさん本人に聞いても、その理由や原因をちゃんとは教えてくれないと思う。なにしろ稀代《きだい》のかぶき者だ。

三度さん曰《いわ》く、「舞台を見ていて、ある日を境に突然コバがお客さんにウケ出したのを覚えている」そうだ。

ケンコバさんも1年目から有名だった。圧倒的に面白い、けれどお客さんにはウケない。それがある日突然ウケるようになっていた。僕がそれとなく「何でなんですかね？」と聞くと、三度さんは笑いながら「売れたいと思ったんちゃう？」と言っていた。

深い言葉だ。僕は、ニューヨークにもその瞬間があったんだと思う。

M-1決勝で直面した現実

2020年の『M-1グランプリ』決勝のネタは格別に面白かった。芸人界隈《かいわい》でも評判だった。あれだけの「偏見」を笑いにすることは容易じゃないし、それで審査員を唸《うな》らせ、お客さんを笑いの渦に沈めたことはとても素晴らしいことだ。

けれど、準決勝では同じネタでもっと爆発的な笑いをとっていたらしい。客席が笑い始めるのも、『M-1グランプリ』本番より、もっと早かったという。

お笑いライブへ足を運んでくれる人たちは勘が鋭い。さまざまなネタを見ているし、お笑いの「発明」にも敏感だ。その客前で研いだネタは超逸品だと思う。

ところがその良刀をいざテレビで振ってみると、今までの切れ味が出ない。

「ああ、なるほど」

ニューヨークは思ったことだろう。

薄々は気が付いていたことかもしれないが、M-1の決勝という晴れ舞台で痛いほど実感してしまった。世の中なんて、そんなもんなのか、と。

変化する「芸能界のお金の価値」

YouTubeの存在も、きっと大きいはずだ。

僕も『徳井の考察』というチャンネルをやらせてもらっている。チャンネル登録者数は２万弱（２０２１年12月現在）で、細々と自分の好きなことだけをやっている。頂けるお金はお小遣い程度だが。

ニューヨークのYouTubeのチャンネル登録者数は約25万人、総再生回数は約１億回（同、12月現在）。お小遣い以上のギャラは貰《もら》っているだろう。

いや、別にお金の話がしたいわけではない。芸能界のお金の価値というものが変わりつつあると、ニューヨークも気が付いているという話だ。

YouTubeで彼らはラジオもやっている。そこは自分の城だ。何の制限もない。好きなことを好きなだけ喋っていい。時間も決まっていない。

他のラジオ番組に呼ばれることもあるだろう。いろいろな芸人やタレントと絡み、その場で生まれる笑いは何にも代え難いものだ。

ただ、ギャラという面で考えると「ねじれ現象」が生まれる。長時間拘束されて、このギャラ。YouTubeは自由に好きなようにやって、このギャラ。はてさて、芸能界ってのは何だ？　天下ってのは、一体なんなんだ？

僕らはSNSというツールのない若手時代を過ごした。けれど、今の若手は違う。テレビには出ていないけれど、チャンネル登録者数がとんでもない数の若手もいる。その若手芸人が吉本主催のお笑いライブに出たとする。普通に考えれば、ギャラは500円だ。これを若手たちはどう考えているのだろう？　芸人として舞台は舞台として楽しみ、実際に稼ぐのはSNSやネット。テレビやラジオを「広告」として、自分のYouTubeにお客さんを引っ張り込む。そんな世界がいま実際に広がっている。

テレビを見て育ってきた世代と、家にもともとテレビがない世代では、夢も野望も稼ぎ方も大きく違ってきている。

そういうことに、ニューヨークは気が付いたんだろうなって勝手に思う。だから伸び伸びやれる。元々面白いのに、緊張や結果を出したいと力みすぎ、荒い鼻息のせいでうまくいかない。そんな若手はゴマンといる。

そこで大事なのは、吹っ切れる「何か」。どうでもいいや、どうなったっていいや——そこから始まるというか、そこからしか始まらないのかもしれない。

売れたいのに「面白い」と思われようとしていた

本当においしくても、濃厚すぎるワインは売りにくい。適度に飲みやすく、高すぎず安すぎないくらいがちょうどいい。って、ワインのことはよく知らないけれど、多分そういうことだろう。

ニューヨークは二人揃《そろ》って「売れたい」と言っていた。ずっと言っていた。僕が10年目の頃は、そこまで「売れたい」とは思っていなかった。「面白いと思われたい」という気持ちの方が強かった。

「売れたい」ニューヨークは、必死に大喜利のライブをやっていた。もちろん芸人として、大喜利が得意で面白いに越したことはない。けれど、売れることに必須かと聞かれれば、そんなことはない。売れたいはずの二人は、「面白いと思われるための大喜利ライブ」をひたすら続けていた。ここに、僕は矛盾があったと思う。

売れるために必要な「イタさ」

屋敷は大学を卒業してすぐ、テレビの制作会社でAD（アシスタントディレクター）として働いた経験がある。そこできっといろいろな「現実」を見たのだろう。テレビには芸人以外のさまざまなタレントも出演する。どうしてこんなヤツが偉そうにしているんだ、と理不尽な思いをした場面もたくさんあったのだと思う。テレビ局のスタッフ陣にも、多かれ少なかれモヤモヤを抱えたこともあっただろう。だからこそ、イタイとは思われたくない——そんな気持ちも芽生えてしまったのかもしれない。

けれど「売れる」ためには、やっぱり「イタさ」も必要なんだ。みんなに好かれたまま、周りより上に行くことなんかあり得ない。今ある何かを捨てなければ、次のステージには上がれない。使い古された言葉だけれど、やっぱり僕はそう思う。

きっと今田さんや東野さんは、そういうことも踏まえ、「そのままやってたらええ」と言ったんだと思う。誰かに教えられたって意味がないから。泥の中に光る原石は、窒息しかけたその瞬間に見つかることもあるから。

ニューヨークが覚醒した瞬間

ニューヨークは怖い。

2019年の『M-1グランプリ』決勝で、尊敬する松本人志さんから「ツッコミの人が笑いながら楽しんでいる感じが、そんなに好きじゃない」と出番直後に言われ、「最悪や!」と返した屋敷。M-1のトップバッターでの緊張感のなか、松本さんに対して、しかも即座にあの一言はなかなか出ない。

恥ずかしいからボケで逃げようとするか、無言になってしまう場合がほとんどだろう。その時思ったことを、そのまま感情に乗せて口にした言葉は、どんな切れ味の良いボケよりも強力だ。

あの一言は、すごかった。

ニューヨークの覚醒はあそこから始まったと思う。一番面白い人に、みんなの前で面白くないと言われたようなものだ。だから、もういいや、どうでもいい。イタイと思われようが関係あるか！　自分のやりたいようにやってやる、と。


正直なことを言えば、本当はニューヨークのことは書きたくなかった。これ以上あいつらの追い風になるようなことはしたくない。10年も後輩だが、きっと僕らと同じような仕事の取り合いになると思う。となれば、僕らよりも当然若いコンビが使われることの方が多くなる。

元々面白いニューヨークが、売れ方と上昇志向を見つけてしまった。第7世代になれない6・5世代なんて括《くく》りにおさめていたら、とんでもない。

あと何年かしたら中堅世代に飛び込んでくる。ライバルだ。

ああ、なんか間違って、ニューヨークに拠点を移してくれないかなぁ。

残酷なほど笑いにストイック
『ゴッドタン』と佐久間プロデューサー

千鳥のノブさんと何年か前に飲んでいた時、こんな話をしてくれた。

「ちょっと前に『ゴッドタン』のスタッフさんと飲んだんやけど、その時にな、〝申し訳ないんだけどうちの番組は、1週間のうち3日間はみっちり、企画について打ち合わせをしてるんだ〟って言うんや。3日間もやで？　〝もちろん他の番組だって必死だろうし、芸人ならどの番組でも頑張らなきゃいけないのは分かるんだけど、『ゴッドタン』は絶対に面白い台本を自分たちスタッフがみんなで作ってるから。それを超えてもらうためにも、安心して死ぬ気で砕け散る覚悟でやってくれ〟って」

それからしばらくして、『ゴッドタン』から「腐り芸人」という企画が僕の元にやってきた。僕は、死ぬ気でやった。砕け散る覚悟はしていった。つもりだ。

そんなこんなで、今回は人気深夜番組『ゴッドタン』について。ひいては、『ゴッドタン』のプロデューサー・佐久間宣行さんテレビ東京ご卒業おめでとうございますスペシャルだ。

スタッフ全員噛《か》み殺す心持ちで挑んだ

僕とインパルス・板倉さん、ハライチ・岩井とで結成された〝腐り芸人〟。テレビのバラエティに馴染《なじ》めず、心に闇を抱えてしまった芸人が本音をぶちまける企画だった。

僕は二人とは違う。浮いている。なぜなら、元々が売れていないからだ。板倉さんは芸歴2年ほどで『はねるのトびら』に出演していたし、岩井はハライチとして、速攻でテレビで売れた。しかも二人とも賞レースで結果を残している。対して僕ら平成ノブシコブシはネタで評価されたわけでもないし、そもそも僕は自分でネタを書いているわけでもない。それでもなぜか僕に白羽の矢が立った。

それだけでも死ぬ気でやろうと思ったが、以前ノブさんから冒頭に書いた『ゴッドタン』の話を聞いていた手前、スタッフさんの熱量や意気込みを勝手に感じ、その重さを勝手に背負っていた。

そもそも、呼ばれたのはたった3人。なんとなくで座っているひな壇とは違う。いろいろな選択肢がある中で、少ない席に僕を選んでくれた。けれど自信はなかった。面白くできる戦略もなかった。

でも、死ぬ気でやろうということだけは決めていた。周りにどう思われようが、適当にやったとか、手を抜いたとか思われないよう、共演者だけでなく、スタッフ全員嚙み殺す心持ちで挑んだ。それは定期的に呼んでもらえるようになった今でも変わらない。

収録後は後悔の連続

『ゴッドタン』は編集が素晴らしい。生々しく臨場感に溢《あふ》れる編集だから、放送後、みんなが褒めてくれる。

けれどいつも、現場での手応《てごた》えはない。収録後は後悔の連続だ。ああ言えばよかった、なんであそこでこれを思いつかなかったんだろう。あんな顔では不快感しかないだろう。俺は無能だ、無能な自分を呪《のろ》いたい……。

だが編集され、整えられた番組を観た人からは褒められる。街でも若い男の子に声を掛けられる機会が増えた。

特に忘れられない企画に、「腐りカルタ」があった。腐り芸人たちの吐き出す腐り名言でカルタを作るという、いわゆる大喜利だ。

板倉さんの大喜利能力は周知の事実、そもそも僕とはポテンシャルが大きく違う。岩井だってそうだ。ハライチのネタは大喜利をベースにして構成されていることも多い。

僕はその〃大喜利ハンデ〃を背負いながら、さらにこの二人とは腐り方のレベルが根本的に違うと、鉄火場と化した本番中に痛感してしまった。自分の出す答えのパンチ力の弱さと、キレのなさ。孤独だった。

収録後、今でも忘れられないくらいにへこんだ。どうして逆にハンドルを切らなかったのだろう。

僕は人と自分を比べないことにしている。だから、板倉さんや岩井のように「なんであいつなんかが」とか「どうしてあいつがこんなつまらないことで褒められるんだ」とかは思わない。その時点で二人には圧倒的に敵《かな》わない。しかも、そもそも大喜利へのハンディキャップも持っている。今思えば……。

それならば、腐りではなく褒める方、悟りの方に収録の途中でも構わずシフトチェンジすればよかった。だが、そうできるだけの瞬発力も、それを実行できるだけの大喜利能力も僕には備わっていなかった。日頃の怠惰のせいだと思う。

「悟り芸人」と呼ばれるように

だからYouTubeを始めた。好きな芸人やモノを、ただ褒める。その一点に特化した、人のためになるYouTube。『徳井の考察』だ。

だから腐り芸人とは言われつつも、いま僕は誰かを更生させたい一心で『ゴッドタン』に出演している。お前みたいなもんが、空気も読まずに褒めて……腐り芸人の主旨分かっているのかよ――。そんな批判があるのも知っている。けど、そんなの知ったこっちゃない。

とにかく『ゴッドタン』に出るとき、僕はいつも死ぬ気で、散る覚悟でやっている。

そして、少しずつ流れが変わってきた。「悟り芸人」なんて呼ばれることも増えた。なるほど、徳井はそういう人間なのか、と人を褒めたり諭したりする仕事も増えてきた。

全部『ゴッドタン』のおかげと言っても過言ではない。本当に感謝しています。

本当の悟り芸人・矢作と、際《きわ》どいことばかり言う小木

とはいえ、僕なんかよりもよっぽど悟っていて、板倉さんや岩井よりもよっぽど度胸のある腐り芸人が『ゴッドタン』にはいる。おぎやはぎのお二人だ。

矢作さんは、一体、人生何周目を生きているのだろうか。常に清潔感があり、やさしく、字まで綺麗《きれい》。しかも菩薩《ぼさつ》のようによく笑ってくれる。けれど愛想笑いはしない。

僕が「ギャラ飲みしかできないようなタレントは終わっている」というような話をした時も、「それをしなければ生きていけない人間もいる、って分かってあげなきゃダメだよ」と諭してくれた。どうしたらそのような発想ができるのだろう。これぞ悟り芸人だ。

対して小木さんの言うことは、放送できるかどうか、いつも際どいことばかりだ。しかも、喋り終わった後に自己防衛のためのフォローも入れない。SNSでの炎上なんてまるで気にしていない。お笑いに対してストイックな猛者《もさ》集団である『ゴッドタン』のスタッフ陣も笑わないくらいに冷ややかな視点から、ウィットに富んだことまで、お構いなしに聞き手側へ放ってくる。

声に出せないほど嬉《うれ》しかった劇団ひとりの一言

ある日の収録後、劇団ひとりさんが佐久間さんに言った。

「今日、2本分いったんじゃない?」

この一言がどれだけ嬉しかったことか。

「腐り芸人」の企画は、いつも90分以上収録している。これはテレビ業界なら普通なことで、30分番組なら収録時間は60分から90分が相場だ。どんなに有能なスタッフやタレントが集まっていたとしても、そのくらい収録すれば、当然、無駄な部分や放送できない部分も生まれる。そこを編集で切り、30分の番組にしてもらっている。

だが、90分の収録を終えた後、「これは編集しても60分いけるんじゃない?」。

そんなことを佐久間さんにさりげなく言うひとりさんの一言に、僕は声に出せないくらいの歓喜に沸いた。

鬼才・劇団ひとり。芸人で、あの人のことをつまらないと言う人は一人もいない。唯一無二《ゆいいつむに》の絶対オモシロ人間だ。

一度「腐り芸人」に、僕よりも後輩のある芸人が来た。その後輩が話したのは、映画の撮影で、とある俳優にいじめられたというエピソードだった。

後輩はリアルに喋《しゃべ》ってくれ、僕たちも、面白く聞いたのだが、その内容は単純に許せない類のものだった。スタジオはかなり盛り上がったが、その俳優というのが誰もが知るビッグネームというのもあり、そこの部分はまるまるお蔵入りとなることになった。

スタッフ含め、その場にいた全員がそれを薄々承知の上で収録していたので、そこまでのショックはなかった。ただ、一人を除いて。

収録後、ひとりさんが佐久間さんとコソコソ話していた。

「何とかして、今日のあの俳優の話を放送できないものだろうか？」

クレイジー過ぎる。絶対に無理に決まっている——そう思いながら、僕は真剣に顔を向かい合わせる二人の横を通り過ぎた。

あの話が単純に面白いからなのか、それとも、後輩がいじめられた悔しさからなのか。分かったのは、ひとりさんだけは本気だったということだ。

映し出された「地獄絵図」

『ゴッドタン』は、全部が全部面白い。と言いたいところだが、収録では残念ながらそうではない。もちろん放送は全部が面白いけれど、すべての収録が2週分いけるわけではない。血の気が引く場面も僕は見たことがある。

これまたとある企画、今度はグラビアで活躍する女性が、本当のような嘘のようなエロい実体験を話す企画だった。『ゴッドタン』ではエロい企画はお馴染み、きっと爆笑の渦が巻き起こるなかで収録されているに違いない。が、違った。

僕はその収録の次の企画に出る予定で、楽屋で待機していた。楽屋のテレビではいま行われている収録の様子をリアルタイムで見ることができるのだが、なんとなく回したスタジオのチャンネルには地獄絵図が流れていた。

手を挙げエロい話をする女性タレント。普通の番組ならば周りが「エローい」とか「よくそんなことテレビで言うね?」とか、そんな毒にもクスリにもならない野次で盛り上げるのだろうが、修羅場『ゴッドタン』は全く違った。

次々とスベり続けるエロ漫談。スタッフは誰も笑わない。おぎやはぎさんやひとりさんも、優しさのフォローなど入れやしない。手応えのある解答が出るまで無音のまま、淡々と収録が続いていた。あと何分か後には、自分もこの〝修羅の国〟に駆り出されるのかと僕は震えた。

みんな、優しいわけじゃないんだ。面白いことが好きなだけなんだ。『ゴッドタン』はバラエティじゃないんだ、お笑い番組なんだ……。

その後しばらく僕は、次から次へと手が挙がるも無音の続くスタジオの様子を、楽屋のテレビで見続けた。

出演はチャンスでなく、むしろピンチ

シェイク・ヒロシという芸人だけをとりあげた収録回もあった。現場では90分くらいカメラが回っていた。面白かったように僕には見えた。けれどオンエアは5分ほどだった。これぞ、仁義なき戦いだろう。

「『ゴッドタン』に出られる、ラッキー！」

なんて単純なことではない。

『ゴッドタン』への出演は決してチャンスなわけじゃない、むしろピンチなんだ。あの番組に出て失敗するのは、他の番組や舞台でどんな失態を演じるより惨憺《さんたん》たる結果が待っていることを自分の収録の前に知った。

佐久間Pが語った「吉村を呼ばない理由」

2021年の2月に『佐久間宣行のオールナイトニッポン0《ゼロ》』のなんとスペシャルウィークのゲストに呼んで頂いた。スペシャルウィークというのはラジオの聴取率を測る大事な週のことで、この回の数字が良ければ番組は続くだろうし、悪ければ終わ

ってしまうこともある。そんなとても大事な回に、平成ノブシコブシが二人揃って呼ばれた。

普段、テレビなどではコンビで揃うことが珍しいということなのか、ラジオリスナーの興味を引く布陣なのか、佐久間さんご自身が興味をもってくれたのか、理由はよく分からないが突如スケジュールに入った。

その放送では、「腐り芸人」の成り立ちや、「次世代腐り芸人」の話などを聞いた。なぜ相方の吉村を『ゴッドタン』に呼ばないのかと佐久間さんに聞けば、「ちゃんと正面で頑張っている芸人に対して、『ゴッドタン』でよくやるように、その人のキャラをひっくり返すことは申し訳なくてしたくないから」と言っていた。

吉村に逆張りするのはもう少し後でいい。真《ま》っ直《す》ぐ走っている人に変なちょっかいを出して、迷惑を掛けたくないという、芸人愛も聞けた。

お笑いは音楽に勝てない、は本当か

同月に行われた「ゴッドタン 腐り芸人オンラインセラピー～絶対にピー音が入らないオンラインライブ～」のチケットが2万枚弱売れたとも聞いた。もちろん僕の力なんて微塵《みじん》も及んでいないことは分かっている。板倉さんや岩井、おぎやはぎさんや劇団ひとりさんの力だ。

それに、いやそれ以上に、チケットが売れた理由は、視聴者が寄せる佐久間さんへの期待と信頼の大きさゆえだと僕は思っている。

あの佐久間さん仕切りのオンラインライブで、このメンツなら面白いに違いない。そう思った人間が2万人いた。２００人入れば成功と言えるお笑いライブにあって、会場で考えれば横浜アリーナが溢れるような巨大イベントになったのだ。

お笑いは音楽には勝てない。僕はずっとそう思っていた。ほとんどのミュージシャンはお笑いをしないが、音楽を使わない芸人はひとりもいない。芸人のチケットは売れても千枚だが、ミュージシャンによっては10万枚だって即完売したりする。

もちろんチケットの価格もお笑いの方がずっと安い。しかも、同じネタを毎回披露するわけにもいかない。おまけに芸人がグッズで収益を出すなんて不可能に近い。僕は勝手に諦《あきら》めていた。だが、佐久間宣行は諦めていなかった。

彼が担当する番組の企画で「俺のベビースターラーメン」という曲を発表した。お笑いは音楽に勝てない、そう思い込んでいた自分につくづく辟易《へきえき》する。共存の可能性を、僕はチラ見すらしなかった。

恩人・佐久間Pへの感謝

佐久間さんがテレビ東京を離れた詳しい事情は知らない。けれどサラリーマンでいるよりももっと大きい可能性や、もっともっと広がっているであろう大海原《おおうなばら》に旅立ちたい、挑戦してみたいと覚悟を決めたのだと思う。

海は荒れ、船はときに難破する。遭難したら跡形も残らないくらいに沈没する。それでも人間、生まれたからには大海を知りたい。

野郎ども、港に別れを告げろ、ヨーソロー‼

佐久間さん、お疲れ様でした。そしてこれからも、決死の覚悟で残酷で血だらけのお笑い番組、作り続けてください。

「M-1は芸人の希望なんかじゃない」『M-1グランプリ』

僕は最近『僕のヒーローアカデミア』というアニメにハマっている。最高のヒーローを目指す感動青春活劇。エピソード5が2021年の3月から新たに始まり、8月には3作目の映画も公開された。

その物語のスーパーヒーロー・オールマイトが言っていた。

「常にトップを狙《ねら》う者とそうでない者……そのわずかな気持ちの差は社会に出てから大きく響くぞ」

いつものように、笑いながら言っていた。

僕のスーパー先輩、極楽とんぼ・加藤浩次さんも言っていた。

「ナンバーワンを目指したからこそ、オンリーワンになれるんだ。最初からオンリーワンなんて目指すんじゃねぇ」

いつも通り、顔をしかめて吠《ほ》えていた。

だから、『M－1グランプリ』で優勝したい！　その思いで駆け抜けた青春の日々は、決勝に行こうが優勝しようが万年1回戦で落ちようが、時が過ぎると、それはキラキラとした経験に変わる。

別に「出なくてもいい」M－1に夢を見た日々

2001年、『M－1グランプリ』が始まった。僕ら平成ノブシコブシはまだ芸人になったばかり、ホヤホヤ2年目くらいだった。

結成から15年以内の若手コンビ（当初は10年以内）が漫才で日本一を決める。一部では「芸人がお笑いを辞めるきっかけのひとつとして」作られた大会とも言われている。「芸歴10年にもなって、M－1の決勝に出られないなら諦めた方がいい」とは、大会の名付け親で大会委員長も務めた、島田紳助さんからの殺生《せっしょう》なメッセージだ。

厳しいがそれが現実なのかもしれない。僕らも真摯《しんし》に決勝を目指したが、一度も行けなかった。1回戦で落ちたことが3回もある。

けれど今、相方の吉村は芸能界の一線で頑張っているし、僕は僕でちょこちょこといろいろなお仕事をさせてもらっている。だから『M－1グランプリ』の決勝に進めなくたって、優勝しなくたって別にいい。とどのつまり出なくたっていい。

いいんだろうけれど、その夢を見て努力して答えのない未来と衝突した過去は確かに存在する。今思えば、それはとても大きな財産になっているという実感がある。

一夜で芸人がヒーローになれる活劇物語

2001年、中川家さんがM‐1の初代王者となった。当時の中川家さんと僕は面識がなかった。東京と大阪で離れていたし、芸歴も8年差があった。

今見返しても、あの貫禄《かんろく》でまだ10年目とは驚きだ。今で言えば、霜降り明星やニューヨークと同じくらいだ。

中川家さんは若い頃から円熟味があった。その上、M‐1優勝後も熟成を繰り返し続けるモンスターでもある。そんな中川家さんだが、M‐1に出場したとき、これで優勝しなければお笑いを辞めようと思っていたらしい。

今から20年前、芸能界はもっと殺伐としていた。2020年のM‐1決勝で初めて注目を集めたコンビ「錦鯉《にしきごい》」のように、50歳を目前にブレイク――そんなことはあり得なかった。

才能のある人は20代から売れ続け、30歳前にはもう冠番組を持っている。そうじゃない人間はとっとと辞めた方がいい。そんな時代だった。

中川家さんは、決勝戦で不利と言われるトップバッターで見事優勝を飾る。トップバッターでの優勝はこれまでの17回のうち、中川家さんだけだということからも、そのすごさが伝わるだろう。2021年の今でも第一線で活躍し続け、吉本の聖地・なんばグランド花月（NGK）ではトリを務めるようになった。

『M－1グランプリ』という、一夜で芸人がヒーローになれる活劇物語が2001年に産声《うぶごえ》を上げたのだ。その年は、同期のキングコングも決勝に進出していたが、僕にはまだ嫉妬《しっと》という感情すらわかなかった。

2分間をフリにしたフットボールアワーのカッコよさ

2003年、フットボールアワーさんがM－1に3度目の挑戦をする。

その年の準決勝の舞台袖《そで》は芸人たちで溢れかえっていた。前年まで2年連続で決勝の切符を手にしているフットさんは、この年も優勝候補の筆頭だった。

ところがネタが始まって2分、一度も笑い声があがらない。ザワザワとする舞台袖。大丈夫なのか？　フットさん、このままじゃ……。と、勝手に固唾《かたず》を呑《の》む舞台袖の芸人一同。

だが後藤さんの一撃のツッコミに、劇場は笑いで揺れた。2分間はフリだったのだ。そこからはもう、笑いの連鎖が止まらない。フットボールアワーの、まさに独壇場。後藤さんはツッコミの時、必ず前を向きお客さんを見ながらツッコむ。声は真っ直ぐマイクに当てる。あの凛《りん》とした立ち姿は今でも忘れられない。

2分間をフリにする。ボケていないんだから、笑いが来なくて当然と。だが、その度胸たるや……。2分後見てろよ、と岩尾さんのたっぷりな余裕。

その年、フットボールアワーさんは優勝する。

東京の若手芸人に影響を与えたアンタッチャブルの優勝

2004年はアンタッチャブルさん。僕には頭にこびりついて離れない痛烈な記憶がある。

僕らがまだコンビを組んだばかりの頃、テレビ朝日に『虎の門』という深夜バラエティ番組があった。ほかのバラエティではやらないような、〝尖《とが》った〟企画ばかりトライする番組だったのだが、そのなかに若手がネタをするコーナーがあった。そのMCがアンタッチャブルさんだった。

僕らも出演し、もちろんその時が初対面だ。突風が吹き抜けたかと思ったら、僕らの出番は終わっていた。何を喋ったかも覚えていない。だが、スタジオは確かに笑いに包まれていた。

僕らは「はい」「そうですね」「分かんないです」と、ただ単純な返答しかしていなかったはずだ。ザキヤマ（山崎弘也）さんと柴田さんが、一瞬の隙《すき》もなく言葉を放ち続け、それがすべて笑いに変わっていった。

ひょっとしたら僕らの出番を観《み》た人は、「ノブシコブシがウケた！」そう思ったかもしれない。だがそんなことはなかった。何もできなかった。自分たちは一歩も動くことなく、何の個性も発揮することなく終わった。それは圧巻だったし、絶望だった。それくらいアンタッチャブルはすごかった。だから2003年に、敗者復活からあわや優勝か？となったときも、僕は全然驚かなかった。

2004年はタカアンドトシさん、トータルテンボスさん、POISON GIRL BANDさんなど、話したことのある先輩やお世話になっている先輩も『M－1グランプリ』の決勝に進出した。霞《かす》んでいた幻の夢の島は、くっきりと姿を現し東京の若手芸人たちにも甚大《じんだい》な影響をもたらし始める。

ここまで面白くなれるのか、人は

2005年のM-1はルミネ the よしもとの楽屋で観ていた。大勢の先輩後輩同期がそこにはいた。

ブラックマヨネーズさんの決勝の2本目を全員が固唾を呑んで見守っていた。何しろ1本目のネタが別格にウケていた。

勝負の2本目。始まってから、その場はしばらく静寂が続いた。だがこれは「我慢」していたんだと思う。

本来ならルミネの楽屋で、芸人が集まって観ていい番組なわけがない。別の仕事をしているか、自分も決勝の場にいなければならないはずだ。そんなプライドや焦りからか、遠く離れた新宿ルミネの楽屋は、まるで重馬場《おも》だった。雨でぬかるみ、競走馬が走りにくい。

けれどそんなことは関係なかった。泥を蹴《け》り散らかし、馬群を駆け抜け、ルミネの楽屋も大爆笑に包まれた。清々《すがすが》しいほどの大爆笑。ここまで面白くなれるのか、人は。

驚異をさらに超えた次元で、ブラックマヨネーズさんは優勝をもぎ取った。

恐ろしい天才集団、大阪NSC13期

２００６年、優勝したのはチュートリアルさん。ボケの徳井（義実）さんとツッコミの福田さん。同じ「徳井」でこうも実力が違うのかと、僕はいつもとは違うショックも感じた。「徳井」というのは意外と珍しい苗字《みょうじ》で、チュートリアルの徳井さんも同じ苗字の人に出会ったことはない、と言っていた。鮮烈な「徳井」との出会い。聞けば徳井さんはブラックマヨネーズさんと同期だという。次長課長さんや野性爆弾さんもいる。恐ろしい天才集団、大阪ＮＳＣ13期。

この年、トータルテンボスさんやＰＯＩＳＯＮ　ＧＩＲＬ　ＢＡＮＤさんは2度目の『Ｍ－1グランプリ』決勝進出を果たした。

夢の舞台、2度目に狙うはもう優勝しかなかったろう。どんな大会でも、一度決勝に進出することはできても、それを2度3度と重ねることは容易じゃない。

オリンピックに何度も出る人はレジェンドだ。この後両コンビともに3度目の決勝進出も果たす。本当にすごいことだ。

そんなすごいコンビ、トータルテンボスさん。

やはり核は大村さんのクレバーさなのだと思うが、番組などでそれを真っ向からいじりまくった野性爆弾のくっきー！さんと、千鳥のお二人のことも忘れられない。東京では藤田さんのことをいじったりする人はいたものの、秀才すぎる大村さんのことを軽々しくいじれる人なんてほとんどいなかった。

Ｍ－１の決勝に出ている、男前で色気もある大村さん。それを「色気がありすぎる」「ダサい」「お笑い及第点」と散々いじり倒していたくっきー！さんと千鳥さんは、やはり僕とは格が違うのだな、と思った記憶がある。

Ｍ－１の〝主人公〟の優勝と、同期・ピースの躍進

２０１０年、『Ｍ－１グランプリ』の主人公と言っても過言ではない笑い飯さんが優勝した。

この頃になると後輩が決勝に出ていることも珍しくなかった。劇場での笑いの差も激しかった。ネタの面白い人間とそうでない人間——お客さんですら、そうやって分けているんじゃないかという猜疑心《さいぎしん》すら生まれた。

そんななか、ピースが決勝に残った。『キングオブコント』決勝進出に続き、Ｍ－１もファイナリスト。同期である僕らの間には、いつの間にか決定的な差ができていた。

『Ｍ－１グランプリ』の決勝に出ることは、魂を削るっていうことだ。ＰＯＩＳＯＮ ＧＩＲＬ ＢＡＮＤの吉田さんは、こう言っていた。

「僕らは、決勝が終わった瞬間から、また来年の決勝を見据えている」なんて息苦しいんだろう。まるでずっと水中で、息をとめてもがいているようなものだ。

夏頃から頑張りました！　そんなの努力じゃない。364日頑張って相方とギスギスして、答えのない真実を摑《つか》もうとする日々。笑い飯さんはそれを9年繰り返した。僕からしたら、もはや〝変態〟としか思えない。笑い飯さんのことを尊敬しない人なんて一人もいない。なぜなら自分には絶対にできないことをやってのけたからだ。優勝するなら審査員にも視聴者にも新鮮な初登場が有利に決まっている。それを9年連続で決勝へ駒《こま》を進め続けて、結果、最後の最後で優勝を摑み取る。国民栄誉賞では足りないくらいの偉業だと僕は思っている。

劇場人気のないトレエンが決勝に

笑い飯さんの感動的な優勝をもって、この年『M－1グランプリ』は一旦《いったん》の終了を迎える。

2015年、M－1が復活して、敗者復活からトレンディエンジェルが禿《は》げ上がってきた。いや、勝ち上がってきた。僕らは同じ劇場で育った。トレエンは昔から面白かったが、人気はなかった。悲しいかな、渋谷という土地柄もあり女子中高生の人気が8割を占めてしまうのがヨシモト∞ホールの現実だ。

それでも僕はトレンディエンジェルが好きで、お前らが売れるには『M－1グランプリ』で優勝するしかない、みたいなことを偉そうに何度も言っていた。そんなこと言われたって、優勝したくても簡単にできるものではないし、お前は1回戦で落ちるような実力だろ、なんなんだこいつは……！　そう思われていたかもしれないが、僕は会う度に言っていた。

後輩が決勝に残ることに嫉妬なんて1ミリも覚えなくなった16年目。むしろ勝手に誇らしいとさえ感じていた。

サンドウィッチマンさんばりの敗者復活からの優勝は、女子中高生には人気がないけれど確かな実力を持っていたトレンディエンジェルらしかった。

しつこくて、もう笑わざるを得ないのが彼らのネタの強みだ。プライドも見栄《みえ》もない。その上、「一度負けた身、どうぞ笑って下さいよ～」状態のトレンディエンジェルは、もう誰にも止められなかった。

二人がネタとした「ハゲ」の価値観は、前日までとこの日からで確実に変わった部分があったと思う。悩んでいた人もいると思うし、悲しい目に遭った人もコンプレックスだった人もいるだろう。きっとトレエンの二人もそうだったはずだ。

自分たちだけでなく、そんな人たちもろとも、光を照らした。本当にお笑いは凄《すご》いな、素敵だな。僕は思った。

「マヂラブ」の優勝にケチをつけてほしくない

記憶に新しい2020年は、マヂカルラブリーが優勝。いよいよ漫才のレベルが、僕らがネタをやっていた頃とは桁《けた》違いのものになってきた。お世辞でも何でもなく、決勝に進んだ全組が面白かった。審査員はどんなに大変だったろう。

マヂカルラブリーもトレンディエンジェル同様、劇場では人気のなかった部類に入る。でも袖から芸人が観る率は高かった。逆にお客さんからの人気だけがあるコンビは、袖まで芸人が観に来てくれない。

マヂカルラブリーがまだ『M－1グランプリ』を攻めあぐねていた頃、2018年の単独ライブのタイトルはこれだ。

「もうこれで終わってもいい」。

これ以上ないくらいの〝純文学〟なタイトル。彼らもまた、当たり前のように死ぬ気で努力をし続けていた。だから「マヂカルラブリーが漫才か漫才じゃないか論争」

みたいなものが起きている時、純粋に腹が立った。

そんな不毛な論争を煽《あお》るメディアも嫌だったし、その問いに対する答えがどんなに冗談まじりのものであっても論理的であっても、誰にも答えて欲しくなんかなかった。あの時マヂカルラブリーのことを否定した人は、一生ちゃんと否定し続けて欲しいし、何かをきっかけに掌《てのひら》なんて返して欲しくもない。報われない努力をし続けて掴んだ栄光に、誰がケチをつけられるというのだろうか。誰にもつけられないだろうよ……！

M-1は決して、芸人の希望なんかじゃない

お笑いというのは正解がないうえ、日々、その瞬間、状態によっても「何がウケるか」は変わる。その掴み所のないものを、『M-1グランプリ』では競う。勝つために、みな、努力とかいう抽象的な行動で自分たちの「お笑い」を研ぎ澄ます。15年という時間制限もある。

僕たちには到底越えられなかった分厚くて高い壁を、爪《つめ》を剥《は》がしながら血だらけで乗り越える後輩や先輩、同期たち。M-1に挑戦し、挫《くじ》け、解散したコンビも数多くいる。

M-1は決して、芸人の希望なんかじゃない。

夢は叶《かな》うさ、なんて戯言《ざれごと》をいつまでも信じさせることは愛じゃない。

第17回目となる2021年のM－1もまた、感動と笑いをきっと生む。そして、新たなチャンピオンも生まれる。そんなニューヒーローの足元には、夢を諦めた人間の死体が転がっている。新鮮な死体、腐った死体、まだ死んでもいないのに死んでしまったと決めつけられている死体……。

日本一残酷なショーが、僕は今から楽しみで仕方がない。

『僕のヒーローアカデミア』のスーパーヒーロー・オールマイトは、どんなに辛い時でも笑う。僕の見てきた偉大な先輩たちは、いつでもみんなを笑わせていた。

僕は誰かの足元に死体として転がったとしても、笑っていたい。その無様な顔を見て、笑われたい。

謎《なぞ》多きコンビの知られざる素顔
シソンヌ

芸人に〝良い人〟なんていない

「誰か良い芸人さんいないですかぁー？」

そんな会話を番組中や、番組の合間に女性タレントさんとする機会がある。残念ながら芸人に、〝良い人〟なんていない。良い人風な人はいても、根っからの良い人なんていない。いたとしたら、そんな人間は面白くない。

だから良い人はいつか芸人を辞めるので良い芸人さんなんてのはあり得ない存在なのだ。かつ、それでも良い人に近い芸人の99％は結婚してしまっているから、女性に〝良い芸人〟を紹介することは不可能だ。

だが、一人だけいつもポワンと頭に浮かぶ、良い芸人。良い人ではないけれど、面白くて上品で信頼できる人間。シソンヌのじろうだ。

彼は僕が自信をもって推せる、超おすすめ物件。そんなこんなで、今回はハイパー変態コント職人「シソンヌ」について書きたい。

シソンヌのネタは昔から抜群に面白かった

出会ったのは15年も前の2006年頃で、場所は渋谷にあるヨシモト∞ホール。シソンヌは僕らよりも6年ほど後輩だ。

たかだか6年と思うなかれ。同じ事務所に在籍して同じ劇場に出ていると6年の芸歴は相当にデカい。僕も先輩に対してそうだったが、気軽に喋っていいとは思えないくらい、最初は恐怖に感じるほどの芸歴差だ。

それくらい心の距離がありながらも、舞台上では文句を言い合ったり喧嘩《けんか》したりする。やっぱりお笑いなんてもんは、素晴らしい。シソンヌはそんな後輩のなかでも、1年目からネタが抜群に面白かった。

ワールド全開のコントはお客さんにウケなかった

シソンヌと同じ出番の時は、僕も大抵舞台の袖で見ていた。芸歴関係なく、芸人たちが集まっていた。漫才でボケてツッコむ、そんな王道のスタイルがまだオーソドックスだった時代に、もうすでにシソンヌだけはシソンヌワールド全開のコントを披露していた。

ボケるというよりは憑依《ひょうい》したキャラを演じるじろうと、そんなじろうに戸惑う相方の長谷川。今でこそ、じろうの女装キャラや長谷川のいかつめブサイクというシソンヌならではの鬼に金棒的なスタイルは定番になったが、女子中高生をターゲットにしていたヨシモト∞ホールではそれこそが足かせになっていた。

お客さんからワーキャー騒がれる人気者が必然的にネタバトルでは勝ち上がり、諸行無常にランク付けが繰り返される2000年代後半の宇田川町《うだがわちょう》――。

シソンヌは辛酸を舐《な》め続けていた。でも、誰がどう考えても、文句なしに彼らは面白かった。


心から嬉しかった『キングオブコント』優勝

「お前らは本当に面白いなぁ」と僕も何度か直接声を掛けた。シソンヌ自身もその時のことをよく覚えていると言ってくれた。本気で思ったことは口にした方がいいんだな、と今になって改めて思う。あの時シソンヌに辞められていたら、僕の頭の中に浮かぶ唯一の「良い芸人」は消滅してしまっていた。

いつか必ずシソンヌは売れる。そんなことまで生意気にも僕は確信していた。

それから5年以上経《た》った2014年、同期コンビのチョコレートプラネットと決勝で争い、シソンヌが『キングオブコント』の優勝をもぎとった。他人事《ひとごと》ながら本当に嬉しかった。

チョコプラのことも好きだし、あいつらも面白いし頑張っているのは知っていたけれど、シソンヌはそれまでの芸人生活であまりにもご褒美《ほうび》が少ないように思っていたからだ。

ギャラの良い仕事だったり、趣味に通じた仕事だったり、二人が大好きなコントに特化した番組だったり……もっとシソンヌが特別扱いされてもバチなんか当たらないのに、と。

実力と努力と鍛錬と頑固さと運で摑み取った『キングオブコント』優勝。心からおめでとう。


じろうほど〝良い姿勢〟で麻雀《マージャン》に向き合う人はいない

そのすぐ後、じろうと麻雀を打つ機会があった。

僕は麻雀が好きだ。運と頭脳のバランスが抜群だし、人間の本質も見て取れる。

負けて不機嫌になる人、自分の調子が良いからといって周りのことを考えられなくなる人、うるさい人、生活音のデカい人。普段、意識して隠しているようなリアル部分が麻雀では滲《にじ》み出る。

僕が知る限り、じろうほど麻雀に〝良い姿勢〟で向き合う人はいない。どんなプロ雀士よりも良いと思う。自分が負けていようが勝っていようが常に同じ態度だし、いつもおでこを叩《たた》きながらとても楽しそうに打っている。それでいてバカみたいな大きな音も出さない。先輩だから後輩だから、男だから女だからといったくだらない忖度《そんたく》も決してしない。

僕は、じろうの麻雀が一番好きだ。

自分に合わない仕事は断る

そんなじろうと麻雀を打ちながら、他愛もない会話をする。

「どうだ？　儲《もう》かってきたか？」

何しろ『キングオブコント』で優勝したんだ、景気の良い話も聞きたい。ところが、

「いや、トクさん全然ですよ」

最初は冗談かと思った。けれど、本当だった。お笑いの大会で優勝すれば売れる

……そんなことは絵空事らしかった。

才能もある、人柄も良い。なのに――。世知辛い。そんな言葉では言い表せられないもどかしさがある。

じろうはメディアなら何でもかんでも出たい、というタイプではない。自分には合わないと思う番組への出演は、若手の頃から断っているという話も聞いたことがある。賛否両論あるのかもしれないが、僕は素晴らしいことだと思う。

どんなビッグな番組だろうと、自分が出ても意味がないなら出ない方がいい。じろうの自信は他の部分にあるのだろうし、事実、そこで結果も出してきた。アスリートが無理にテレビ出演してイメージが悪くなるくらいなら出ない方がいい。漫画家が苦手なインタビューを受けて損をするくらいなら受けない方がいい。

じろうは自分と向き合い、正直に誠意を持って仕事をしているのだろう。

若手の頃から器用な長谷川

一方長谷川は、若手の頃から器用だった。

臨機応変にツッコめる瞬発力は舞台だけでなく楽屋でも発揮されていて、芸人仲間からブサイクをいじられるたび、それらすべてに見事な返しをしていた。ブサイクいじりは今だと時代遅れなのかもしれない。楽しそうに見えた長谷川も、当時は傷ついたのかもしれない。それでも芸人仲間のボケやいじりに瞬時に反応し、笑いに変えていたあの日々があったからこそ、今長谷川はテレビで活躍しているのだろうし、挫けず諦めなかったからこそ面白くなった部分があるはずだ。

ファンのターゲットを変更したところ……


そんな二人に、少し前に転機が訪れた、らしい。

とある外部の敏腕マネージャーが、シソンヌの才能に目を付けた。僕のように口ばかりではない、実行に移す人間が現れた。

このままではシソンヌの才能が埋もれてしまう、それだけは許せない、とシソンヌの売り方を根本から見直した。お笑いファンから観劇ファンにターゲットを変更したのだ。たったそれだけ、と言っていいのかどうかは分からないが、シソンヌ自身を変えることなく、周りを変えるという発想の転換だ。

さまざまな芝居小屋にシソンヌのチラシをばら撒《ま》いた。しばらくするとお芝居を観るのが大好きな層に刺さり始め、シソンヌの人気は全国ツアーを展開するまでに広がった。

セットも衣装も極力使わず、ライブ費用を抑えに抑えたシソンヌの個性と能力だけの単独ライブは、どの会場も満員御礼。

ヨシモト∞ホールにいたお笑いファンにはなかなか受け入れられなかったシソンヌは、芝居のど真ん中に食い込んでいった。小劇場の聖地とされる下北沢本多劇場も即完売させた。

その本番前、じろうはパチンコを打つと言っていた。

勝ちたいわけではないらしい。ただ、金を入れ流れていく銀玉を眺めているのが好きらしい。大事な金、それが無情にもあっという間に消えていくのが堪《たま》らなく興奮するらしい。

じろうは本当に変人だ。凡人の僕にはよく分からない。

旅行やテーマパークや酒や食にハマっている人間と根本は同じだ。形に残らないものに金を使う。自分で稼ぎ、自分で使っているのだ。誰が文句を言えようか。

パチンコ台の下の穴に向かって流れ落ちる銀玉を眺めながら、財布はスカスカになっていく。そしてじろうは、大勢の観客が待っているだろう聖地へと向かった。

まるで令和の寅《とら》さんだ。

ブサイクと言われても自分のスタイルを変えなかった長谷川

それとは正反対に、長谷川は昔からオシャレが大好きだった。よしもと男前ブサイクランキングとかいう、へんてこなランキングがあるのだが、当時まだまだ無名だったにもかかわらず、長谷川は常にブサイクランキングの上位をキープしていた。それでも彼はオシャレとヒップホップが好きな自分のスタイルを変えなかった。

他人にどう思われようがどう言われようが、たとえバカにされようが構わない。自分が好きな物を追求していた。その点では長谷川もじろうと同じ性質なのかもしれない。

金がなくてもブサイクと言われてもそんな雑音は気にしないで、僕の知らない高額なスニーカーを履いていた。長谷川のそのスタイルこそ、僕は男前だと思う。好感しかない。

じろうはじろうで、売れた今でもビッグスクーターに乗っている。

体がむき出しのまま乗るスクーターは、車と比べて事故が起きた時の危険度が高い。移動ならばタクシーに乗った方が楽だろう。けれど、じろうはビッグスクーターに乗り続ける。

雨の日でもカッパを着てビッグスクーターにまたがる。麻雀終わり、颯爽《さっそう》とビッグスクーターに乗って帰っていく。終電も天気も関係ない。そういう意味では確かに便利だ。

エンジン音を轟《とどろ》かせながら小さくなっていく後ろ姿は、コンビニのパンをかじり、タバコを一本一本大事に吸っていた若手の頃と何も変わっていなかった。

沖縄での思い出

じろうとは若手時代、沖縄でも思い出がある。吉本は沖縄にもよしもと沖縄花月という劇場があるのだが、その出番の時、偶然シソンヌと一緒になった。僕は出番の合間の時間、じろうを連れ回した。

大体出番は3回で、休憩は2度ほどある。その時間、僕は食べログを調べ、じろうを飯屋に連れていった。

インターバルはネタをする時間の10分、ノブシコブシとシソンヌ合わせて20分ほどしかない。2食目ではお腹《なか》も空《す》くわけがない。

が、なかば意地のように一度行ったご飯屋さんとは別の店へ、ネタ終わりでまたじろうを連れて行く。いくら常に腹が減っている若手時代とはいえ、強烈なパワハラだと言われても否定できない。

1食目はステーキ、2食目は沖縄そばお稲荷《いなり》さん付き、をひぃひぃ言いながら食べる。お腹はいっぱいだ。幸せかと聞かれれば、そんなことはない。

それでも遥《はる》か沖縄の地で、北海道の男（僕）と青森の男（じろう）は飯を貪《むさぼ》った。特に会話もない。もはやフードファイトだ。そんな思い出も、僕にとっては淡い青春だ。

じろうにとってはどうか分からないけれど。

売れるために必要なもの

芸人は、やはり面白ければいつかは売れる。そうじゃなきゃ、やってられない。夢半ばで諦める人も沢山見た。

運が一番大事なのかもしれない。けれどその根底には、努力が必然だ。

昔、博多華丸・大吉の大吉先生が言っていた。

「売れるか売れないかは分からないけど、売れるまでは死ぬほどの努力を続けなきゃ売れるなんてことは絶対にあり得ない」

きっとこれが一番正しくて、一番難しいことなんだと思う。

でも〝バカ〟ならできる。目を瞑《つむ》って自分を信じ走り続けることが、できる。

金がなくなるまでパチンコ打って負けて、不釣り合いな高額のスニーカー履いて、雨の中ずぶ濡れでビッグスクーター乗って、全然売れてないヒップホップ聴いて、『キングオブコント』を制す。

これ以上バカで最高なストーリー、あるかよ。

5GAP

芸歴23年、ラストチャンスでブレイク中

ようやくチャンスを迎えた同期

芸歴23年目、吉本興業東京NSC5期生、5GAP。クボケンとトモのコンビで僕らの同期が今、空前のブームだ。

さすがに「空前のブーム」は言い過ぎか。でもそうなる可能性が出てきたし、そうなるように願っている。

同じ同期でも、大阪NSCのキングコングやダイアンのような大阪と東京の違いもない。圧倒的な実力でスターになったピースのように、劣等感を覚える間柄でもない。長いこと泥水を湯煎《ゆせん》しては一緒に飲み交わしていたような仲間だ。だから気を使わないで書く。

何かを書くことで、彼らにとってそれが微風でも追い風になればと思って書く。向

かい風になったらごめん。でも、書いてあげたいし、書きたい。

なぜなら、厳しい言い方かもしれないけれど、5GAPにとって今が最後のチャンスだと思っているからだ。

トップエリートだった5GAP

平成ノブシコブシと共に腐っていた若手時代。僕はどちらかと言うと、トモの方と仲が良く、相方の吉村はクボケンと同居をしていた時期もあるくらいの間柄だった。だがこのトモ、クボケンという芸名も最近変わったもので、僕には全く馴染《なじ》みがない。秋本、久保田くん、と彼らのことは呼んでいた。改名してからまだ二人には会っていないので、ある意味この原稿が初めましてだ。ナイストゥーミーチュー、トモアンドクボケン。

遠い昔、そもそも5GAPはエリートだった。信じられない、そんなわけがない。いやいや事実だ。間違いなく同期の中で5GAPはエリートだった。

ピースの又吉くんと綾部、ピン芸人の三瓶《さんぺい》と並ぶトップエリート。東京NSCの中ではいつも注目されていたし、講師たちにも認められていた。秋本は同期内のリーダーシップも取っていたように思う。

僕ら日陰の平成ノブシコブシはまだコンビも組んでいない頃に、5GAPの二人はすでにブイブイ言わせていた。

売れるための登竜門番組に出演

結成1年目、すでに5GAPはプスプスと売れるにおいを漂わせていた。そのにおいは、『新しい波8』への出演でより強くなった。

『はねるのトびら』の前身番組であり、言わばそのオーディション番組だった『新しい波8』で、キングコングもここから『はねる』出演の切符をもぎ取った。売れるための登竜門的番組『波8』に5GAPは出演していたのだ。

東京の同期で出演したのは、キシモトマイと5GAPのみ。まだピースが結成される前、綾部は「スキルトリック」というコンビで、又吉くんは「線香花火」というコンビでそれぞれボケを担当していたが、いずれも『波8』には出られていない。

ひょっとしたら自分もキングコングに、もっと言えばナインティナインさんのようになれるかもしれない。そんな一番熱い瞬間だったに違いない。

当時はまだ5GAPとは仲良くなかったので、その時の話は後に聞いた。さぞ輝かしい思い出なのかと思いきや、その記憶は彼らのブラックボックスの奥深くに仕舞われていた。

東京NSC5期生は「ピース一強時代」に

原因は、鈍色《にびいろ》に輝く若き天才、劇団ひとりの存在だ。「スープレックス」というコンビを解散して、ピン芸人になって間もないひとりさん。一緒に出演したチャンスのはずの『波8』は、ひとりさんの独壇場だったという。

ネタ以外にもゲームやトーク、芸人としての資質も試される収録で、ビンビンのバッキバキだった劇団ひとりさんに、全部持っていかれた、と。何年か経った後でも、瞳《ひとみ》に絶望感を浮かべながら、5GAPは語っていた。

ひとりさんは天才だ。芸人なら全員が知っている。今は落ち着いているし、余裕もある。けれど当時は、超人気番組『めちゃイケ』の姉妹番組に出られるかもしれない権利の争奪戦で、ピンになったばかりのひとりさんはところ構わず実力を振るう。

5GAPのプライドはズタズタになった。

チャンスはピンチだ。巡ってきたチャンスをものに出来なかった場合、しばらくは順番待ちになる。そのあとピースが結成され、東京NSC5期生はピース一強時代に突入する。

不誠実でクズだけど、なぜか憎めない

それでも5GAPはネタを諦《あきら》めなかった。『爆笑レッドカーペット』という1分ほどのショートネタを披露する番組で、ホワイト赤マンというキャラを生み出し、プチブレイクを果たす。今でこそ『ゴッドタン』などでダサい、恥ずかしい、なんていじられてはいるが、当時は営業やライブなどに引っ張りだこで、老若男女《ろうにゃくなんにょ》にウケまくっていた。

その頃、僕は秋本と仲良くなり一緒にギャンブルをしたり、酒を飲んだりする間柄になっていった。秋本と一緒に「海プロ」という謎の軍団をつくり、僕は参謀として率いるようにもなった。

秋本はお調子者だ。決して〝良い人〟ではない。だが、人望はある。それがなぜかは分からない。嘘《うそ》つきだし、不誠実でクズだけど、なぜか憎めない。後輩からは「兄貴！」と呼ばれ、まるで神輿《みこし》のように担《かつ》がれていた。

「海プロ」はヨシモト∞ホールで、夏や海に関することを歌ったり踊ったりと、アイドルとお笑いを混ぜたようなお祭りをエンタメとして昇華したつもりでやっていた。そんなお祭りでも、秋本はいつも本気だった。

元々ネタを考えるのが好きな人間で、5GAPのネタも骨組みは秋本が書いている。じっくり喋《しゃべ》れば真面目《まじめ》で神経質な性格だと分かる。だから僕は二人で一緒にいても安心できた。

この「海プロ」は、後輩からすればアルバイトのようなものだったろう。僕らがいくら真面目にやろうとしても、後輩はふざけ、適当だった。その度秋本は「オーライ、オーライでしょ」なんて言いながらふざける後輩を見て笑っていた。本心を隠していたと思う。

ライブの当日まで何日も集まり、何時間も打ち合わせをして考えたライブのプランだったが、後輩たちはつまらないと思ったのかもしれない。簡単に適当にあしらわれる。けれど、やっぱり秋本は怒らなかった。怒れなかった、という方が正しいのかもしれない。

僕は、その一連の流れがもどかしかったし、悲しかったし、ふざける後輩たちに内心ムカついていた。あえてピリピリとした空気を醸《かも》し出しもした。

「なんでこいつだけマジなの？　夏じゃん！　遊びじゃん！」

若手たちからそんな気配も感じたが、僕は同期の〝バカ神輿〟を守りたくて、後輩に嫌われるであろう動きを続けていた。

恩返しとして出された「4リットルの大五郎」

そんなある日、秋本が珍しく僕のことを誘ってくれた。

「いつもトクには世話になってるから、今日は恩返しさせてくんねーかな」

何とも粋なことを言ってくれる。呼ばれた通り、僕は秋本の家に向かった。当時は少しだけ僕の方が稼いでいたため、普段飲みに行くとき、僕が奢《おご》ることが多かった。

僕自身はそんなことは気にしていなかったし、どうでも良かった。けれど秋本は僕より4歳年上だ。顔や言動には出さなかったものの、本当は悔しかったのかもしれない。

秋本の家に着くと、まずは座ってくれと言われた。そして「ドン！」と、畳にボウリングの玉が落とされたような音がした。目の前には4リットルの大五郎がそそり立っている。

別に大五郎が悪いとか、そんなことは言っていない。ただ、大五郎は安い。とても安い。お酒が大好きで大好きで仕方がない、でもお金はあんまりないから、今日はこれでたらふく飲むんだ！　大五郎って名酒は、そんな庶民のための愛すべき酒だと僕は認識している。

大五郎に罪はない。それに僕は大五郎が好きだ。けれど、友人への「恩返し」には適していないと思った。しかもすでに栓が開いていた。

「今日は飲もう」

大五郎を、しかも蛇口から捻《ひね》った水道水で割り、その日の記憶は溶けていった。

芸人一真面目な久保田くん

一方、久保田くんは真面目だ。僕が思うに、芸人の中で一番真面目だと思う。それはお金の面にしてもそうだし、恋愛に関してもそうだし、もちろん芸事にしてもそうだ。

僕らがまだ1年目くらいの時、僕がライブのチケット代を使い込んでしまい、精算の時に持ち合わせが足りなかったことがある。まぁ、そんなことも若いころはよくある。確か2千円か、そのくらいだったと記憶している。僕は近くに偶然いた久保田くんに2千円貸して、と言った。

「やだ」と少しも迷わずに断られた。

当時オレンジ色の髪色をしてビーチサンダルを履いていて、しかも初対面の僕に突然話しかけられても、2千円を貸さない、という返事をきっぱり言えるのは素晴らしいことだと思う。こんな僕が言えたことでは決してないが、久保田という人間は信頼できる男なんだな、とその時思った。

絶対にネタから降りない

久保田くんはコント中も、絶対にネタから降りたりしない。

ウケなかったりその場に合っていないと感じたらすぐにそのネタをやめたり、ネタにはないアドリブに逃げてしまうことが、恥ずかしながら僕らにはよくある。

それは今の僕や吉村の根底を作ったと言えなくもないが、賞レースや純度の高いお笑いの舞台で、とても失礼なことを繰り返していたと思う。スベるのは、いつだってどこでだってやはり怖いのだ。

だから久保田くんには、スベったらその場で真摯《しんし》に腹を斬《き》る覚悟があるのだろう。

ネタを書いている秋本にとっても、久保田くんのそういうところは信頼できる部分で、誇らしいと思っているようだ。

志村けんさんに憧《あこが》れてこの世界に入ったという久保田くん。照れ屋なコントの神様・志村さんの遺伝子は、ここでもしっかりと受け継がれていた。

緊張しいで真面目な久保田くんだけど、役さえあれば、どんな人間にでも変われると僕は思っている。久保田くんには、これからきっと役者の仕事も来るだろう。

腎臓の移植手術を経験

そんな5GAPに、2016年大ピンチが訪れた。久保田くんが慢性腎不全で、腎臓の移植手術をすることになったのだ。

これは僕の勝手な考察だが、お調子者の秋本は、アドリブに弱い。彼はじっくり考えて行動を起こした方が良いタイプで、だから僕はこの時秋本に、本を書けと言った。

久保田くんの移植手術は、若くはない実の父親の腎臓を一つもらうものだった。結果、久保田くんは蘇《よみがえ》ったのだが、手術や入院となったときは、もはやどうなるか分からないのが本当のところだった。

5GAPはその間4か月、活動を休止した。

残酷なことかもしれないけれど、僕は、久保田くんの今、秋本が思うことなどを、日記形式でも良いからできるだけリアルに書き留めた方が良いと秋本に伝えた。何かのきっかけで、映画やドラマになる可能性だってある。しかも、秋本ならそれが書けると思った。脚色なんかしなくていい、今は一日一文でも良いから何かその時に思ったことを書け、と。

仕事がないのを久保田のせいなんじゃないかと思う自分を呪《のろ》いたい。

パチンコを打ちたい、でも金がない。

久保田の見舞いに行った、たくさんの芸人がいたが、僕だけは久保田に温かい言葉を掛けられなかった。

何でも良い。その時のリアルな感情は、時が過ぎると薄れてしまう。感じるままに、忠実に書き留めておいた方が良い。

もし久保田くんが仕事のできない体になってしまったとしても、その本の印税を渡すことができるし、万が一最悪な状況になってしまったとしても、相方が書き留めた「日々」が、久保田くんにとってもご家族にとっても、ささやかながら慰めになるのではないかと。

僕は真剣に言った。だが、秋本は書かなかった。

書けなかったのか書かなかったのかは分からない。秋本に本心を聞いていないし、これからも聞かないつもりだ。コンビにはコンビにしか分からないことがあるから。

しばらくすると久保田くんは元気に、とまではいかないかもしれなかったが、無事に仕事に復帰した。

『ザ・ノンフィクション』に出演した秋本

5GAPは帰ってきた。久保田くんはその時期に結婚もしている。奥さんとの馴れ初《そ》めがとても良い話で、バッドボーイズの（大溝）清人《きよと》さんや久保田くん、芸人仲間で飲んでいる時に、そのエピソードを聞いてみんなが泣いた。

その飲みの席に、偶然テレビのスタッフさんがいた。僕は「こんなに良い話、テレビでやらなきゃダメでしょ！」とそのスタッフに詰め寄った。すると、馴れ初めエピソードつきで、久保田くんの結婚式をテレビで密着取材してくれたのだ。

感動の式だった。

当然、相方である秋本の祝辞がトリとなる。どう考えても感動的なものになる。はずだった。だがトリを務める秋本は、酔っ払ってヘラヘラしているだけで祝辞の紙も持っていない。妙な空気のまま、式は終わった。

二次会で僕は秋本に説教をした。あそこは嘘でも感動の祝辞を読むべきだった、と。

秋本はモジモジしながら照れていた。

「俺、『ザ・ノンフィクション』に出るんだ」

会話になっていないが、どうやらそうらしい。芸人としてではなく40過ぎた、ただのおじさんとして婚活クルーズ船に乗り、リアルに婚活するというドキュメンタリーの密着に、秋本が出演する。

僕らの周りは歓喜に沸いた。どう考えても面白い。無様だ。これぞ芸人の鑑《かがみ》で、恥はかけばかくほど面白くなる。結果、番組は最高だった。

何しろ芸歴は15年以上のおじさんが、素人《しろうと》相手に優越感たっぷりにMCしている姿は、仲間からすれば腹がちぎれるほどに面白かった。

『いろはに千鳥』をきっかけにプチブレイク

けれど、それで売れるほど芸能界は甘くない。にもかかわらず、何度も訪れる、神の救いの手。2021年初め『いろはに千鳥』に5GAPが出演した。

千鳥さんは芸人をいじるのが本当に上手《うま》い。どうやっていじって良いのか分からない、そんな、人のナイーブな部分やセンシティブな部分を優しく面白く伝える天才だ。

5GAPはその後も何度か『いろはに千鳥』に出ているうち、今度は全国ネットの千鳥さんの番組でも見かけるようになった。すると、それを見た他の番組のスタッフさんたちが5GAPに興味を抱き始め、千鳥さん以外の番組にも呼ばれるようになっていった。

何しろいじり方は天下の千鳥が見せつけてくれたのだ。こうして5GAPの令和のプチブレイクが始まった。

保険をかけずに裸で泣いて恥かいて、笑ってもらおう

みんなに好かれたいし、褒められたい。そう思うのは当然かもしれないが、僕はそんな人間には魅力を感じない。1億人に嫌われたって、一人が気絶するほど好きでいてくれるような人間になりたいし、そんな人間が大好きだ。

5GAPは、そんな存在になれると思う。

特に秋本はその象徴だ。辛かっただろうし、バカにされたろうし、諦めかけたこともあるだろう。久保田くんはまさに死にかけたし、思わぬ形で親に迷惑を掛けてしまった、なんてことを思ったかもしれない。

でも、君たちの全部をそのまま吐き出せば良い。それを世間がどう受け止めようが関係ない。芸人はみんな、君たちが好きだ。

間違っていても良い、否定されても良い。今思うことを正直に、全部やった方が良い。

これが最後のチャンスと思って、保険をかけずに裸で泣いて恥かいて、笑ってもらおう。

ダメだったらまたヨシモト∞ホールで「海プロ」をやろう、その時は僕が2千円貸してやる。

あの時飲んだ大五郎。あれより美味《うま》い酒に、僕はまだ出会っていない。

まるで神々の狂宴

『笑っていいとも！』最終回

あの場所にいたかったような、いたくなかったような

世の中の大多数の人たちが自然に共有するものや出来事。そんなものは、これからますます、なくなっていってしまうのだろうか。

そんな「共有の象徴」の一つだったのが『笑っていいとも！』だと思う。

今回は『森田一義アワー 笑っていいとも！』（以下、『笑っていいとも！』『いいとも！』）最終回について書きたい。お笑いファンの僕が、興奮と感動でテレビの前から動けなかった、あの3時間についてだ。

あの時あの瞬間、あの場所にいたかったような、いたくなかったような……。

例えば、1998年8月22日、甲子園の決勝で松坂大輔がノーヒットノーランを成し遂げたあの瞬間。僕が松坂と同じ高校球児としてあの場所にいたら、きっと野球を辞めてしまっただろう。

そんな感情を、僕は『笑っていいとも!』の最終回に抱いた。

2014年3月31日。『笑っていいとも!』の最終回が放送された。お昼の通常回を終えた同日夜、グランドフィナーレと呼ばれた3時間の生放送のお祭りのなかで、まるで〝神々の喧嘩〟のように見えた時間があった。

その喧嘩はほんの30分足らずだったのだが、5時間見続けた後くらいの胃もたれもあったし、たった5分間くらいだったような爽快感《そうかい》もあった。

若手芸人は、絶対にこの映像を見た方がいい。

『笑っていいとも!』は1982年にスタートし、30年以上続いた長寿番組だ。月曜から金曜まで、お昼の12時から1時間の生放送。しかも日曜日には、その週の放送をまとめた『増刊号』まで放送されていた。

MCはタモリさん、多様性の化け物だ。タモリさんの他に曜日ごとのレギュラー出演者がいて、芸人からアイドルまで、その時代のスターが揃《そろ》っていた。

レギュラーになれずとも、単発ゲストでも出演することが、芸能人としてのひとつの登竜門だったし、あの番組に出ないでスターになった人なんていなかったと思う。

なぜ浜田さんは大声を張り上げたのか

その最終回、タモリさんとさんまさんが話している最中に、突如ダウンタウンさんとウッチャンナンチャンさんが乗り込んできた。

正に殴り込み。

「長い！」

浜田（雅功）さんは張り裂けんばかりの大声で叫んでいた。

何故《なぜ》こんなに声を張っているのか？　言わずもがな、「勝負だ」と細胞が疼《うず》いたんだろう。

しかもこの最終回に、いつもの放送ならばいる一般のお客さんはいないようだった。客席を埋めるのは、これまで『いいとも！』のレギュラーを務めていた芸能人たちばかりだ。

お客さんを笑わせることは、MCとして番組を回せる方々なら、きっと簡単なことだ。

ただ、今回のお客さんは、同じ共演者たちだ。一番笑わない人種だと思う。

スタッフさんは番組のことを思ってそれなりに反応してくれるが、共演者はライバルでもある。無理して笑う必要は、ない。面白ければ笑うだろうし、面白くなければ笑うことはない。

そんな共演者を笑わせるためには、面白さと熱量が必要だ。後ろに引いてしまってはきっと誰も笑ってくれない。『笑っていいとも!』というのなら、前のめりになるしかない。

〈誰が一番面白いか決めようや大会〉

だから、あのダウンタウンさんですら前のめりに、タモリさんとさんまさんに突っかかっていった。

まずは場所取り。

松本(人志)さんはすかさず大外に。浜田さんはタモリさんの横、画面のど真ん中に。

先ほどまでのタモリさんとさんまさん、二人だけの空気は、あっという間にダウンタウンさんの色で染まった。

だがタモリさんはどんな衝撃も吸収する、さながら達人柔術家だ。さんまさんとダウンタウンさんの掛け合いをニヤニヤしながら横で見守る。一方、ウンナンさんは要所要所で前に出て、それをまたダウンタウンさんが大きな笑いに変える。

一見、しっちゃかめっちゃかに感じた人もいたかもしれない。けれど、とても論理的な笑いの方程式のなかに荒々しいながらまとまっていった。

と、思ったところでとんねるずさんと爆笑問題さんが同じステージに放たれた。

その一瞬だけを切り取れば、「豪華な番組だなぁ」、そんな印象で終わるのだろうが、同業者から見れば違う。全員、狼《おおかみ》のようだった。

血が全身を巡っている。しかも、ものすごい勢いで。若かりし頃に体を駆け巡っていた血液、感情。

まぎれもなく、〈誰が一番面白いか決めようや大会〉だった。

あの現場にいたら、僕はその場にいる全員から湧《わ》き出る覇気で、一歩も動けなかったに違いない。

主人公はナイナイ岡村だった？

太田（光）さんは誰よりも前に出てボケていた。普段から声の大きい太田さんだが、声帯が心配になるほど大きな声を振り絞っていた。

そんな太田さんの隣から、もっと大きな声が聞こえる。田中（裕二）さんだ。爆笑問題の二人が、ピッタリと舞台のセンターに立っていた。

タカ（石橋貴明）さんとノリ（木梨憲武）さんはタモリさんの傍につける。

「僕らはタモリさんの味方だから」

風神と雷神さながら、小柄なタモリさんを守るように寄り添っていた。


それを見た僕は勝手に、それぞれの芸能生活の歴史、集大成のような立ち位置だと思った。誰一人かぶることなく、自分が最も力を発揮できる場所を瞬時に見つける。

気がつくと浜田さんは大外に移っていた。センターでMCを務めることを辞め、さんまさんのボケをアシストする役割に徹していた。

そんな浜田さんとさんまさん、二人がセットで隙間《すきま》を縫って笑いを取りにいくのを、松本さんが様々な視野からボケてツッコみ、更に大きな笑いに変えていた。

とんでもないシステムだ。

これは台本では作れない。勘と経験で、全員が自分にしかできない仕事をやっている。

そして、地が蠢《うごめ》き天が轟いたところで、ナインティナインさんが「順番抜かし！順番抜かし！」と言いながら現れた。

真面目な岡村（隆史）さんのことだ。きっと死ぬ思いでの乱入だったはずだ。舞台裏で出番を待ちながら、恐怖と悔しさと焦《あせ》りと……いろんな感情が頭を駆け巡ったことだろう。

僕はある意味、この時の主人公は岡村さんだったと思う。上京して、何がなんでも一番になってやる。そんな熱い負けん気を支えに、岡村さんは若い頃からずっと戦ってきた。今もそうかもしれない。その感情を強く抱きながら、お笑い界のレジェンドたちが競演する舞台への扉をバンっと開けたに違いない。

番組内ではほとんど全員が「仲は悪くない」と言っていた。確かに悪くはないのかもしれない。けれど、仲が良いとは到底思えない。何しろ共演経験がほとんどない上、全員がMC。番組を背負っている者同士、仲良くできるわけがない。

神のステージに呼ばれた中居正広

そうなると、誰がこの状況で番組を回すんだ？　そうだ、タモリさんだ！　そう思ってタモリさんを見ると、先ほどと変わらず、楽しそうにニヤニヤと笑っている。これが31年半の間、お昼の生放送を淡々と務め上げた達人の立ち位置。いい意味で無責任な無敵の爆笑王の必殺技。

ダメだ、タモリさんは笑っている。誰だ、どうする？

そんなとき、ＳＭＡＰ（当時）の中居（正広）さんが呼ばれ、躊躇《ちゅうちょ》なくゴッドステージに上がっていった。ように見えただろう。

だが中居さんは、普段からとても芸人をリスペクトしてくれている。いじったりもするが、本心から芸人を尊敬してくれているのをビシビシと感じる。そんな芸人への礼節をわきまえた人が、どんな心境でこの大戦の舞台に上がっていったのか。フラっと登れるだろうか？

違う。決死の覚悟だったと思う。

神々が作り上げた舞台を、客席に座りずっと見ていた。そこに呼ばれる恐怖は、誰よりも感じていたはずだから。実際呼ばれても、そこに上がることを拒む人の方が多いくらいだろう。でも、中居さんは飄々《ひょうひょう》とした面持ちでグランドフィナーレに立ち向かっていく。

と、いつの間にかノリさんがいない。

しばらくすると大きな男が、民族衣装に身を包んだ小さな男を連れ、舞台に戻ってきた。ノリさんが、オスマン・サンコンさんを連れてきたのだ。なんてヤンキーなんだろう。共演者、視聴者。みんながみんな落ち着きや冷静さを欲している中、さらに混沌《こんとん》へ導く行為。

火に油、最終回にサンコン。どう転がっていくのか、まるで分からない。パニックにも見える大混乱。なんてのは素人の考えで、これだけのプロが集まれば何とでもなる。逆に隙が生まれなくては、本当の意味での大爆笑なんて起きやしない。破壊と創造。そのプロフェッショナルが集まった、神々の狂宴だった。

さんまが見せた「究極の匠の技」

中居さんが舞台上を整理していると、ひょっこり（笑福亭）鶴瓶さんも登壇してきた。ゆっくりと歩く。「嫌や嫌や～」と言いながら、可愛《かわい》げたっぷりに。まるでヒットマンだ。ある意味、これほど怖い人はいない。最強だ。

おや？　気がつくと今度はさんまさんがいない。舞台上は溢《あふ》れんばかりの人。そこから時代を超越した喜劇王、明石家さんまが忽然《こつぜん》と消えてしまっている。

なんと、ＣＭ中に帰ってしまったという。とんでもない人だ。旨味《うまみ》を吸って、すっと帰る。これは芸歴が長いから成せることだ、とかそういう問題ではない。さんまさんの凡人離れしたお笑い嗅覚《きゅうかく》がこの瞬間と判断し、後輩たちへ無言であとを任せたのだろう。タモリさんへの、さんまさんなりの餞別《せんべつ》だったのかもしれない。

一言では言い表せられない、究極の匠の技だ。

CM中、一体どんな会話があり、どんな雰囲気で帰っていったんだろう。きっと「ほな、帰るわ」と、颯爽《さっそう》と帰っていったに違いない。でも本当のところは分からない。

CMと言えば、これほどCM中のスタジオが気になる番組があったろうか。

CM中だろうとなんだろうと、客席にはタレントが大勢いる。しかも、自分たちに憧れてテレビの世界へやってきた人たちばかり。手は抜けない。

ハッキリ言って、電波に乗っていない時の芸人は、テレビや客前よりも100倍面白い。何を言ってもいい。ただただ面白いことが何よりも正義である、電波外の芸人の世界。重りを外した超人たちの夢の乱闘が、CM中に存在したに違いない。

見たかった。決して出たくはなかったが、その歴史的瞬間を生で見てみたかった。

テレビの30年間の歴史

後にタカさんが、バナナマンさんのラジオに出た時に言っていた。

「『8時だョ！全員集合』を見ていた時、ＣＭ中に何が起きているのか、それを見たくて芸能界に入った」

「ラジオにしろ、テレビにしろ、自分が見られない瞬間や舞台裏で、何かとてつもなく面白いことが起きているんじゃないか――。だから自分がテレビに出られるようになってからは、視聴者がＣＭ中もワクワクソワソワするような、そんな番組を作っていきたいと思っていた」と。

あの時の『笑っていいとも！グランドフィナーレ』は、まさにそれだった。息つく暇もない。たとえ無言であろうとも、それすら、現場の高揚感に変わっていく。そして同時に、でもそんなテレビの時代は終わったんだとも思った。

たった30分間の嵐のような神々たちの狂宴は、テレビの30年間の歴史そのものだった。

猛者《もさ》たちの血と汗で作られた番組

生放送は当然ながら、何を言っても電波に乗る。乗ってしまう。それをリスクと捉《とら》えるかチャンスと捉えるかは、自分次第。

生放送で1秒もつまらない時間を生まないための台本を作り、綿密に打ち合わせやリハーサルをするスタッフさん。それを一瞬で破壊していくのが、タレントや芸人だ。『笑っていいとも！』は、生放送のプレッシャーに打ち勝ち、自分の「城」を持ち、戦い続けてきた猛者たちの血と汗の結晶だった。理論や想像では生まれない新たな笑いが、次々と生まれていく。それを僕らは毎日見ていたのだ。

子供の頃、学校がたまたま休みの時だけ見られたのが『笑っていいとも！』だった。当時はすべてのテレビ番組を勝手に録画してくれる「全録」なんて機能はもちろんなかった。それなら毎日『いいとも！』を録画すればいい、なんて発想もなかった。ただ偶然見られたらうれしくて、東京・新宿のスタジオアルタというところから生放送されている、とされるものを、目をキラキラさせながら見ていた。自分が出られるなんて思わずに、見ていた。

初めて『いいとも！』に出演した時に……

何年か経《た》って、芸人を志し、いろいろなラッキーが重なって、僕も『笑っていいとも!』に出られたことがあった。今から15年ほど前、25歳くらいの右も左も分からない青臭いガキの頃だった。

そこには、タモリさんがいた。

当時、ノブコブで笑いをとるなら相方の吉村をいじるという流れができていたにもかかわらず、タモリさんは、初めて見た毒にも薬にもならないような僕に喰いついてくれた。

その姿も、声のトーンも変わらない。子供の時にテレビで見ていたのと全く同じタモリさんが、僕の目の前にいた。セットはテレビで見ていたよりも小さく、生放送の1時間は、10分くらいに感じられた。

吉村がテンションを上げれば上げるほど、タモリさんはローテンションに会場を盛り上げていった。CM中も休みはなかった。

「タン　タタタン」

拍手を止めてもらう際の、独特なリズムと身振りでお客さんとコミュニケーションを取っていた。

『めちゃイケ』の総合演出である、片岡飛鳥さんが『いいとも！』のADをやっていた時に生み出したと言われるこの「タン　タタタン」。

今では当たり前のように若手芸人も使うこの盛り上げテクニックは、飛鳥さんが『いいとも!』の前説の時にやっていたらしい。それをタモリさんが袖《そで》で見ていて真《ま》似《ね》た、と。

それから、関根勤さんは全部に大笑いしてくれた。でも、その後に毒っ気たっぷりな独自の笑いを入れてくる。

これが本当にお茶の間に流れているのか？　信じられないまま、その日の放送は終わっていった。

偶然にも、僕らがちょこちょこテレビに出られるようになった頃は、まだ自分が学生時代に見ていた「国民的番組」が続いていた。

僕は幸運にも、『SMAP×SMAP』『ごきげんよう』『からくりTV』、それに『めちゃイケ』や『とんねるずのみなさんのおかげでした』にも出ることができたのだ。

もちろん、出たといっても、本当に「出ただけ」で何かを成し遂げたわけじゃない。大きめの笑いは全然とれていない。

でも、子供の頃から見ていた「憧れ」に少しでも触れることができた。この経験は僕にとってはかなり大きなもので、確実に「財産」になっている。

自慢のように聞こえるかもしれないが、きっとこれは自慢だ。人の自慢は聞き苦しいかもしれないが、それでもいい。子供の頃に見ていたあの景色を、大人になって体感できるなんて夢にも思っていなかった。

万人が楽しめない番組があった方がいい

ここからは「おじさん」の古い意見として聞いてほしい。

かつてテレビのバラエティでは、本番中にタバコを吸う人もいた。ムカつけば帰る人、いきなり激昂《げきこう》し人を殴る人もいた。本番中に、むしろ芸能界では不倫をする人も多かったろうし、ハラスメントなんて日常茶飯事だったろう。芸能界では不倫をする人も多かったろうし、でも、エンターテインメントという点においては、超一流な人ばかりだった。それなぜなら、中途半端《はんぱ》な人は消えていくから。本物だけが長く芸能界に君臨し続けた。そして、それが良かった。

僕は小さいころ、テレビは間違っていてもいいと思っていた。それをお茶の間で見ながら、あーだこーだ好きに言えばいい。子供に見せたくない番組は、むしろあった方がいい。万人が楽しめない番組があった方がいい。苦情の殺到するバラエティを見て、僕もみんなを楽しませたいと思った。

大人が煙たがっていたもので、育った。それに実は、大人もそれを一緒になって見ていた。

多様性のある「箱」を見て、僕らは多様性を学んだ。そんな積み重ねがあったから、いま現在、いろいろな人が認められる時代になったとも言えると思う。

多様性を失ったテレビ

けれど、そんな世間の風潮とは逆に、テレビから多様性は消えていった。間違っている情報、偏《かたよ》ったこと、誤解を生みやすい表現は御法度《ごはっと》になっていった。

正直な話、僕も含め、視聴者がバカになったんだと思う。もしくは、分かろうと、理解しようとしなくなっているのかもしれない。テレビはエンターテインメント、だからそのまま信じちゃいけない。そんな「当たり前のこと」が共有されなくなっていった。

〈俺たちのテレビ〉はなくなったのだろうか。

今振り返ると、たとえカットされるとしても、自分の思ったことを言えて、やりたいことに挑戦できた時代は清々《すがすが》しかった。「間違っていること」を恥ずかしげもなく言えた先輩が、格好良く見えた。

いまは、過激さと不正解は排除され、多様性とやさしさが叫ばれる時代とも言える。

この時代に育った若い人たちは、あの『笑っていいとも！』最終回を見てどんな感想を持つだろう。

「明日もまた見てくれるかな？」

『いいとも！』の終わりに、毎回タモリさんが言っていた締めの一言に何て返すだろう。

「まぁ、見られるなら見ます」

「録画してあるんで大丈夫です」

「まだ予定分からないんで、何とも言えないです」

「その時間、外出してるんですよねー」

それこそ、いろんな個性を押し出してくるかもしれない。

でも、タモリさんの「明日もまた見てくれるかな？」の一言には、「いいとも！」なんだよな。

誰にも媚《こ》びず、飄々としているあのタモリさんが、最後の最後にお願いしてくれているんだ。大きな声で「いいとも！」と、僕はこたえたい。

もう直接は言えないし、『笑っていいとも！』を知らない世代も増えてくるのだろうけど、多様性を尊重するというのは何も、各自がそれぞれの個性を他人に押し付けることではない。

間違ったことも受け入れるってことだ。

たとえ他人が間違っていても、「なるほどねー」と笑って、「それも面白いよね」と感じられる、懐《ふところ》の深い人間になれるかどうかだ。

その頂点にいる人たちが、互いを尊重しながら間違ったことをやり続けたテレビ番組。その中で仙人のように、毎日毎日変わり者たちと顔を突き合わし、彼らの面白さをお茶の間に伝え続けたタモリさん。

今の時代に一番必要な番組が、今はもうない。

赤塚不二夫先生が亡《な》くなった時の、タモリさんの白紙の弔辞。

ニヒルな笑いと涙。他人にどう思われてもいい、俺は俺なんだ。でも、決して他人を否定しない。

どうやったらそんなふうになれるのか、僕にはまだ分からないけど、僕もタモリさんみたいな人生、目指してみてもいいですか？

お笑い純度100%
スリムクラブ

僕が『ゴッドタン』の腐り芸人企画で言った「人生は大喜利だ」という言葉。実はスリムクラブ真栄田《まえだ》のパクリだ。彼のブログのタイトルが「人生は大喜利」なのだ（現在は閉鎖）。真栄田は大喜利が得意だ。けれど好きでそうなったわけではない。というのは、真栄田の声はひどくしゃがれている。どの現場、どの舞台でもまったく響かない声。あぁはなりたくない。芸人たるもの、声が通らないようではスタートラインにも立てないからだ。

だから、喋《しゃべ》るとすれば、隙間を縫って静寂の瞬間に魂の一言を放つしかない。それも誰かと同じような言葉では無意味だ。

スペシャルで個性的で、かつ面白い一言。いい意味でも悪い意味でも、浮くような一言。それを、芸人である以上半永久的に言い続けなくてはならない。

そんな非情なカルマを背負った真栄田は、人生を大喜利にせざるを得なかった。

そして、そんな真栄田の隣に佇《たたず》む相方、内間《うちま》。天然でほわーっとした雰囲気の、大きなひよこ豆だ。

僕は彼らの考え方、生き様が大好きだ。だから今回はスリムクラブ。誰が何と言おうが、スリムクラブについて書く！

若手お笑い界を沸かせたM-1準優勝

彼らは沖縄で生まれ育った。しゃべり方に少し訛《なま》りはあるが、僕の個人的な印象としては、沖縄っぽさをあまり感じたことはない。そして二人は、沖縄出身だから売れたわけでもない。

若手時代、芸人界隈《かいわい》でスリムクラブはとても有名だった。どんなお笑いの方程式にも当てはまらず、独特でかつ面白く、なぜかお客さんにもウケる奴《やつ》らがいる、と。別に見た目が格好良いわけでもなく、お客さんに媚びているわけでもない。自分たちのセンスだけで、その名を業界に知らしめていた。

２０１０年には『Ｍ－１グランプリ』の決勝に進出し、いきなり準優勝を収める。

若手お笑い界は、徹底的に沸いた。無名でも、本当に面白い奴なら有名になれる。金持ちになることができる。世間に認めさせることができる。僕にとってはヒーローだった。

スタッフに媚びて仕事を取ってくる人や客ウケだけで人気者になる人のことも、もちろん否定はしない。けれど、スリムクラブの躍進に、誰もが初心にかえった。面白ければそれだけでいいんだという証明。一撃必殺。見せてくれた。

スリムクラブは1ミリもぶれることなく、初期衝動のまま、世に姿を現し始めたのだ。若手芸人たちにとって、ヒーロー以外の何者でもなかった。

「たおせー！　内間、たおせー！」

その後も2011年には真栄田が『R－1ぐらんぷり』（現・『R－1グランプリ』）の決勝に進出、同年の『THE MANZAI』にもコンビで決勝進出を果たす。あくなき最強芸人の称号への欲求で、16年にはまたまた『M－1グランプリ』の決勝へ駒《こま》を進める。

その間、劇場では顔を合わすものの僕は彼らの活躍を遠目で見ていただけで、スリムクラブとゆっくり飲んだことや腹を割ってじっくり対話したことがなかった。

だが、2017年に「極楽とんぼ」復活番組がABEMAで放送された。内容は相撲。とにかく芸人同士で相撲を取り、最強の芸人横綱を決めようという、喧嘩《けんか》コンビ芸人・極楽とんぼの復活に相応《ふさわ》しい、とても賑《にぎ》やかで真っ直《ます》ぐでおバカな企画だった。

僕らもコンビで参加していたが、その場にスリムクラブもいた。「笑いよりも勝利」を信念に、どの芸人もがっぷり四つに組んだ相撲を繰り広げる中、内間がとある芸人と大一番を見せていた。

本当の相撲なら、仕切り直しかもしれない。立ち合いからそれくらい白熱していた。

「いけいけ〜！　やれやれ〜！」

そんなどうでもいいガヤが飛び交う中、僕の鼓膜には心のこもった魂の叫びが飛び込んできた。

「たおせー！　内間、たおせー！」

それはガヤでも何でもなかった。

競馬場やボートレース場で、丸めた新聞を片手におじさんたちが「差せー！」「そのままいけー！」そう叫んでいるのと同じトーン。声の主は真栄田だった。

随分熱くなっているなぁと、立ち上がり、声を張り上げる真栄田を僕は横目で見ていた。

その何日か後、偶然ルミネ the よしもとでスリムクラブと会い、その時のことを話した。そして、僕はスリムクラブのことを何も分かっていなかったと知ることになる。

隣の楽屋から聞こえてきたスリムクラブの喧嘩

内間の実家は、言うまでもなく沖縄だ。沖縄には暗く厳しい過去と現実がある。戦争だ。

自分の生きていた街で、畑で、思い出の場所で、殺し合いが行われた。その悲しみを普段は表に出さず、「なんくるないさ」と微笑《ほほえ》む沖縄の人を僕は何人も知っている。だが、心の奥底には絶望と怒りを、一方で生きることへの喜びを、沖縄の人たちは心に秘めていると僕は感じている。

内間のお母さんは戦争体験者だ。だから内間への教育方針ははっきりしていた。

「生きていればそれでいい、主張はするな、なるべく目立つな」

それに対し、他人の僕が否定も肯定もする気はない。親の教えだ。

だが、その教えを真っ向から否定する男がいた。真栄田だった。

コンビを組みスリムクラブを結成した当初からずっと、内間は真栄田の言いなりだった。

よくある光景だ。お笑いのコンビなんてものは、どちらかひとりの脳みそで考えているることを、いかにリアルに体現できるかどうかがカギだと僕は思っている。仲良くネタを作るのもいいが、他を圧倒する才能というのは、そういうものだろう。

だから〝大喜利天才野郎〟真栄田としては、内間のキャラクターは願ったり叶《かな》ったりのはずだ。けれどその目立たず、主張をしない内間を真栄田は叱《しか》った。そうじゃない、わがままでもいい、嫌われてもいい、否定されようが間違っていようが、自分を出さなきゃダメだ、と。

昔、フジテレビの楽屋で平成ノブシコブシとスリムクラブが隣同士になったとき、「ドンドン‼」と隣から何かを叩《たた》くような音がした。

「まーた、喧嘩してるのか」

僕と相方の吉村はコンビでヒソヒソ話をした記憶がある。

後で本人たちに聞くと、確かに喧嘩をしていたらしい。けれど、僕らが思う内容とは少し違った。てっきり「もっと頑張れ、ウケろ、前へ出ろ」。そんなことを、収録後、真栄田が内間に説教しているのかと思った。だが実際にはこうだ。

「なんで自分の思うことを言わないんだ、面白くないなら笑うな、ビビるな」

内間の体と脳に染《し》み付いているといってもいい、教え。コンビ結成当初から毎日のように言い続けてきた真栄田の小言は、いまだに続いている。

「自分を殺してきた日々を倒せ」

あの相撲の時、立ち上がり、張り裂けんばかりの大声を出していた真栄田。この「倒せ！」というのは、ただ倒せって意味じゃなかった。

番組なんか関係ない。先輩だろうが後輩だろうが関係ない。

盛り上がり？　そんなもの知るか。

倒せ。

お前が今まで空気を読んで、自分を殺してきたその日々を倒せ。

内間、倒せ。

あのとき真栄田は、気がつけば立ち上がっていたと言っていた。ガシャガシャにしゃがれたはずの声は、マイクを貫いた。結果、内間は倒された。

けれど台本や番組の流れを無視して、内間の元に真栄田は駆け寄って行った。抱きかかえ、内間の手を取り高々と振り上げた。内間は恥ずかしそうにしていた。真栄田は涙を流していた。

謹慎を経て顔つきが変わった二人

それからしばらくして、スリムクラブのよからぬニュースが報道された。

謹慎期間の後、僕がYouTubeでやっている『酒と話と徳井と芸人』というラジオ風に酒を飲みながらお笑いを語る番組に、二人は来てくれた。

「いろいろあったけど、全《すべ》て良かったと今は思ってます」

真栄田は真面目な顔で答えてくれた。内間は、僕が覚えている顔よりもずっと凛々《りり》しくなっていた。二人とも、男前になっていた。

あの日あの時、あの間違いがなかったら、きっといつか僕らは同じような過《あやま》ちを犯してしまっていたと思う。そうも言っていた。

スリムクラブは過ちを認め謝罪し、謹慎をした。その間仕事はなくなり、復帰したからといって今までの仕事が返ってくることもない。充分な罰を受けたと思う。

ちくしょう。くやしい。くそったれ……！　そんな、なかばヤケクソな気持ちになってもおかしくはない。けれど真栄田はそうじゃなかった。

謹慎中、いろいろな人が助けてくれ、いろいろな人に怒られた。最初は「何で僕らだけ……」そんなことを思ったりもしたが、どんどんその考え方は変わっていったという。

もっと自分が頑張ったら、もっと自分に才能があれば、もっと運があれば、あいつさえいなければ……。謹慎前のそんな考え方は、全て間違っていたと気が付いた。

全部自分の責任だったと、心から思えるようになった。そう、清々しい笑顔で話してくれた。


「僕ら、最近スピリチュアルにハマってるんですよ」

内間は自分の意見をたくさん喋ってくれた。

親の教えが間違っていたのかどうかは永遠に分からない。時代や環境によって変わっていくものだろう。けれど、憑《つ》き物が取れたように内間はハツラツとしていた。ひょっとしたら整形したのかもしれない。それくらい変わっていた。絶妙なダウンタイムを経験して、スリムクラブが帰ってきた。

『酒と話と徳井と芸人』では、これからの話をした。

「僕ら、最近スピリチュアルにハマってるんですよ」

謹慎中に心が弱ってのことか、と一瞬訝《いぶか》しんだが、先祖をとても大事にしている沖縄の人らしいと僕は半ば強引に自分を納得させた。

今のスリムクラブは「お笑い純度100%」

またしばらくして『千鳥のクセがスゴいネタGP』を観《み》ていると、スリムクラブが出演していた。二人は、小さな劇場で唯一無二《ゆいいつむに》のアナーキーなネタで大爆笑をかっさらっていたあの時と何も変わっていなかった。

センスだけで業界を賑わせていたあの頃。理屈、理論、そんなものは必要なかった。真栄田のセンスと、内間の存在感。僕には到底考えられない設定とセリフ。圧倒的で唐突で面白かった。

「日本人は、もっと平等に生きないといけない。男も、女も、老人も、子供も」

真栄田は、ガッチリとスピリチュアルな部分をゴールデンのネタ番組で晒《さら》していた。

「でも、なぜか、みんなちょっと、石田純一さんに厳しい」

人生は大喜利。スリムクラブの現在の最終形を見た気がした。

悔しさではない、清々しいほどの劣等感を僕は覚えた。

やっぱりこいつらには勝てないな、と自宅のソファーに座りながら諦《あきら》めたようにビールを口に含む。

「七転八倒」

あの日、相撲の相手を倒そうとした内間は倒された。その後も見えない敵に二人は倒され続けた。真栄田と内間は立ち上がる度に強く、面白くなっていく。嫉妬《しっと》も恨みもない今のスリムクラブは、お笑い純度100％に澄み切っている。

「人生は大喜利」だから、これからも二人は答えを出し続けていくだろう。ガシャガシャ声とひよこ豆がどんな「答え」を出していくか、僕はずっと楽しみだ。

ジャルジャル

「ネタだけやっていたい」ピュアすぎるコンビ

「時代そのものをひっくり返すような若手が出てきた」

今回は紛れもない天才、ジャルジャルについて。

関西の年末の風物詩的な番組に『オールザッツ漫才』がある。毎日放送による生放送のバラエティで、一夜限りの笑いの祭典だが、2006年には僕ら平成ノブシコブシも出演した。結果は記憶がきれいさっぱり消えるくらいに、スべった。おぞましい過去だ。

そのとき、まだ芸歴4年目くらいのジャルジャル、後藤と福徳が出ていた。僕はそれまで彼らに会ったこともなければ、噂《うわさ》を聞いたこともなかった。

そんなジャルジャルが、目の前で信じられないネタをやった。ずっとしつこく、二人でバッグを取り合う。ただそれだけ。恐ろしくしつこい。これは、ネタなのか?

だが、会場はその年一番と言ってもいいくらいの爆笑に包まれていた。

気がつくと、僕は初めて会った、というか見たばかりのジャルジャルに話しかけていた。

後頭部を氷柱で思いっきり殴られたような感覚。圧倒的な敗北感。コントという概念そのものを覆《くつがえ》すような新人類。

お世辞抜きで、ついにダウンタウンさんの時代そのものをひっくり返すような若手が出てきたんだと思った。

結果、その年はとろサーモンに敗れはしたものの準優勝し、2008年には優勝を飾る。

今思えば僕のスタイル、この本でやっているような、気になる芸人の深掘りと考察は、15年前から変わっていなかった。会ったことも話したこともないジャルジャルに、二人の出会いからネタの作り方まで聞いていた。

別に目的があったわけではない。とにかく新たな衝撃に、体と口が勝手に動いてしまっていた。

る。

「嘘」が一番ジャルジャルらしい答え

コンビ名の由来も聞いた。死んだ飼い犬の名前が「ジャル」で、偶然同じだったか、親の遺言だったか、とにかくそんな悲しい由来だったと話していたように記憶しているが、嘘だった。後に彼らのインタビュー記事を読んだ時のコンビ名の由来と、僕があの時聞いたものは違った。

また偶然会ったジャルジャルに、僕はクレームを言った。するとあっけらかんと、「そのインタビューのも適当に言っただけですよ」と言われた。

「別にコンビ名に意味なんてないんですけど、みんなが意味を求めてくるから適当に返してるんです」

だがこれさえも、もしかしたら嘘なのかもしれない。もうジャルジャルには常識とか、「普通」とか、そんなものを振りかざしてはいけないのだな、と思い知らされた。

あの初めて見た『オールザッツ漫才』の衝撃を振り返ると、「なんでジャルジャルってコンビ名付けたの?」という、そんなどうでもいい僕の問いに、正面から真面目《まじめ》に答えるような人間が作れるコントではなかった。

そう、ジャルジャルに、まともでなんかあってほしくはない。「嘘」が一番ジャルジャルジャルらしい答えなんだと、今はそう理解している。

『めちゃイケ』のレギュラー入りを果たし……

ナインティナインの岡村さんが休養されていた頃、ジャルジャルが『めちゃイケ』の新メンバーオーディションに合格し、電撃加入を果たした。2010年のことだ。ファンは喜んだろうし、番組としても人気実力共に定評のあるジャルジャルの加入は心強かったに違いない。けれど、本人たちは悩んだと思う。

というのは、ジャルジャルはセンターが似合うコンビだ。しかも、ジャルジャルが放つ他人には真似できないノリや流れ、その「芸」は、たった二人だけで作り出されたときが一番面白いと僕は感じている。

もちろん、「ひな壇」形式のトークや、バラエティ番組での「脇役《わきやく》」を勉強するのは、お笑いが共同作業であるテレビで活躍するためには大事だ。だから、「みんなで作り上げていくお笑い」のお手本とも言える『めちゃイケ』のレギュラーになれるなんて、僕なんかは単純に羨ましい。タレントとしての質も上がる。宝物のような経験だろう。

ただ、唯一無二すぎるジャルジャルにとっては「やった！　『めちゃイケ』ラッキー!」とはならなかったと思う。

「ネタだけやっていたい」

『酒と話と徳井と芸人』という、ゲストと酒を飲みながらお笑いを語る番組を僕はYouTubeでやっていて、2018年にジャルジャルにも来てもらった。もう数年やっている番組だが、一番手応《てごた》えのない回だったと記憶している。

そもそも後藤と福徳は酒が飲めない。そこも大きく影響しているとは思うが、酔っ払った僕の質問は二人にのらりくらりとかわされ、ただただ僕が翻弄《ほんろう》されるという最悪の結果になってしまった。

とはいえ、それでも何とかジャルジャルの芯《しん》の部分に少しは触れることができた……ように最後のプライドでそう記憶している。

寝る間もないほど、たくさんテレビに出演していた頃、実はとても辛《つら》かったと語っていた。その時にはもう、彼らは現在のジャルジャル像を描いていた。

「ネタだけやっていたい」

福徳が言っていた。隣に座っていた真顔の後藤も同じことを言っていた。

これがジャルジャルの最強の武器だと僕は思っている。二人が心の底から同じ気持ちで同じ方向を向ける、そんなコンビはほとんど存在しないだろう。

「世界で一番面白い奴になりたい」を追い求め続ける少年

2014年から始めたYouTubeチャンネル『ジャルジャルタワー』は、2021年12月現在125万人を超える登録者数を誇る。再生回数も7億回以上と、芸人のYouTubeとしては驚異的な数字だ。ネタ数にいたっては本人たちすら正確に把握できないほどのとんでもない数で、ネットには8千本と記してあった。

超人気チャンネルとなってからも、ジャルジャルは1日1本、ネタ動画をアップしている。今はきっとかなりの収入もあるだろうし、やりたいことを本当にやれる、そんな自由度も高いはずだ。それなのに、なぜしんどいことをやり続けられるのかが、僕には一番の疑問だった。

毎日ネタを上げ続けることは、僕らノブシコブシにとっては苦行でしかない。いや、ほとんどの芸人にとって、もはや不可能な偉業とも言える。

ジャルジャルにとっても多少は苦行という面もあるのだろうけれど、二人はそんなことよりも、「楽しいんで」と言っていた。その顔は少年そのものだった。

お笑い芸人ならば、誰もが一度は抱いたであろう「世界で一番面白い奴になりたい」という夢。だが、芸人になってみると、お金や欲や現実に惑い、知らぬ間に見失ってしまう、そんな一本の光の筋。
ジャルジャルの二人にはその光がずっと真っ直ぐに見えていて、そこに向かうことに何の疑問も迷いもないのだ。

「ネタをやっている時が一番楽しい」

そして二人は、「ネタをやっている時が一番楽しい」と言っていた。
「それ以外は全部楽しくない。でも仕事だからやっている」とも言っていた。
ということは、もはや二人にとって「ネタ」は子供の頃にやっていた遊びと同じなのだろう。これはもう、最強だ。
性根が良いだけよりも、性格が悪かったり嘘をついたりしている方が、芸人として面白い場合がある。コンビ名の由来について適当に答えたとしても、それが面白ければ何の問題もない。

「優勝できると思ってるんで、出てます」

そんなジャルジャルに、もう10年近く前、僕は失礼なことを聞いてしまったことがあった。

ルミネ the よしもとで出番が一緒だった時、『めちゃイケ』のレギュラーも決まり、傍目から見ると順風満帆だった二人に、それでも賞レースに挑戦し続ける意味を聞きたくて、いつものごとく勝手に「お笑いインタビュー」を始めてしまっていた。

「なんで賞レースに出るの？　もう出なくてよくない？」

「え？」

どうして人間はお腹《なか》が空《す》くの？　そんな疑問を投げ掛けられた子供のような顔を福徳はしている。

「逆に、なんでノブコブさんは賞レースに出ないんですか？」

「え？」

なんでラーメンやカレーライスは美味《おい》しいんですか？　そう聞かれた時のような顔を僕はした。同じ芸人、同じ吉本、芸歴も3年ほどしか変わらないのにどうしてここまで人間というのは違うのかと驚く。

僕の問いに対する福徳の答えは簡単だった。

「優勝できると思ってるんで、出てます」

福徳の問いに対する僕の答えはこうだった。

「ネタに費やす努力や時間がその対価に合っていないと思うから出るのをやめたし、自分たちは優勝できないとわかったから諦めた」

ジャルジャルは2009年、10年、19年に『キングオブコント』で決勝進出を果たし、20年には優勝を遂げた。その優勝は、2010年、『M-1グランプリ』での笑い飯さんの優勝を彷彿《ほうふつ》とさせるもの——誰よりも努力し、誰もがその努力と実力を認め、応援し、優勝してほしいと願うコンビの優勝だった。優勝して良かった、と僕も他人事《ひとごと》ながらに感動した。

その笑い飯さんが9年連続で決勝進出を果たした『M-1グランプリ』でも、ジャルジャルは2010年、15年、17年、18年に決勝まで駒を進めている。

正真正銘の化け物だ。

独創的で、偏っていて、そしてしつこい

そんな『M-1グランプリ』でジャルジャルのネタが、物議を醸《かも》すことがあった。漫才というのはそもそも「立ち話」で、台本がないかのように話をするものだ、というのが源流にある。けれどジャルジャルのネタは明らかに血の滲《にじ》むような練習をしている。あれは漫才ではなくコントだ。芸人界隈ではそんな論争もあった。

当時、僕も「コントだよね」なんて思っていた。今思えば、コントか漫才かなんて面白ければどうでもいいことだ。そんなことに拘《こだわ》ってしまうのは、芸人ではなく、「芸人かぶれ」している人だけなのかもしれない。

音楽でいえば、ロックだろうとパンクだろうとJ-POPだろうと演歌だろうと童謡だろうと、聴く人が「格好良い」「心地良い」と思えばジャンルなんてどうでもいい。あの日『オールザッツ漫才』で初めて見た時から、ジャルジャルはずっと面白い。しかも独創的で、偏っていて、そしてしつこい。

彼らは海外でも単独ライブをやっている。海外進出を公言し、実行する芸人も増えた今ならまだしも、2010年にロンドンでお笑いライブをやろうだなんて、誰が想像しただろうか。

もしかしたら、壮大なボケなのかもしれない。でもその真意もきっと、後藤と福徳は教えてくれないだろう。しかも、しっかり構成されているように見えるジャルジャルのコントや漫才には、台本がないという。けれどそれも真相は分からない。

お笑いを考察する文章を書いている僕が言うのもなんだが、全てを語るなんて一番ダサいことだ。トップを走る人間は絶対に手の内を明かしてはいけない。棺桶《かんおけ》まで持っていくべきだ。

答えなんかいらないし、ない方が奥ゆかしい。というか、格好いい。答えなんてそんなもんは、「偉人」の死後、周りが勝手にあれこれ想像すればいい。


「それだけネタがあるのに、賞レースに出ない理由って何かあります?」


ルミネで福徳が言っていた。

「ネタができてできてしょうがない。1万本くらいあるんじゃないすかね?」

冗談かと思うほど目をキラキラさせながら、出番の5分前に神棚の下で腕を組んでいた。

「それだけネタがあるのに、賞レースに出ない理由って何かあります?」

「ない、ですよね」

僕は自然と敬語になった。僕らにとってネタは、「売れるための武器」だった。もっとはっきり言えば、「道具」だった。だからオリジナリティ溢《あふ》れる、芸術的な単独ライブをやるというよりも、どれだけたくさんの観客を入れて話題にするか、邪道だろうと覇道だろうと良くも悪くも噂になるような、派手な単独ライブを繰り返してきた。

そんなコンビが作ったネタは、メディアに出られるようになってから、明らかに疎《おろそ》かになっていった。

「悲しい」「もっとノブコブのネタが見たかった」

そう言ってくれる人がいることも知っている。でも、僕らには無理だった。賞レースで勝つことを諦めたことは後悔していない。

最強で最高で、一流

話は少し逸《そ》れるが、僕は数あるギャグ漫画の中で『行け！稲中卓球部』が一番好きだ。好き、というより単純に一番面白いと思う。『稲中』はアニメ化もされ、爆発的ヒット作となった。

作者の古谷実先生は、その後、『稲中』からはガラッと作風を変えたことで読者を驚かせる。シリアスでサスペンスフルでシュールでリアルな作品を発表していくのだが、もしかしたら、『稲中』の成功で、編集者から「好きなように描いていいよ」と言われたのかもしれない。

ジャルジャルも古谷先生も、やりたいことを自由にやれる場を獲得し、それをやり続けている。最強で最高で、一流だ。

今後のジャルジャルがどんなふうに一流を極めていくのか、同じ芸人としてもただのお笑いオタクとしても、僕は楽しみにしている。

日本中が彼らの覚醒《かくせい》を待っている
ダイアン

同業者から絶賛され続けてきたダイアン

今回は、世紀の売れる売れる詐欺疑惑《さぎ》、「ダイアン」について書きたい。

ダイアンは大阪NSC22期生、僕ら平成ノブシコブシが東京NSC5期で、ダイアンとは同期なのだ。東京と大阪で物理的な距離があったことはもちろんだが、そもそも実力や知名度に差があったからか、ダイアンとは若手の頃からほとんど交友がない。

ともかくダイアンは、すごかった。ずっとすごかったのだ。同業者の中で、誰一人としてダイアンを否定する声など聞いたことがない。

僕は東京で、「とにかく化け物のように面白い」と、見たことはないけれど「ダイアン」という存在をずっと耳にしていた。悪魔の子「ダミアン」と1字違いなこともあって、僕は人知れずビビっていた。化け物「ダイアン」ってどんなコンビなんだ……。

しかも大阪から上京してくる先輩や後輩、同期たちも口を揃《そろ》えて言う、「ダイアンはヤバい、面白い」と。そんな噂話ばかりを聞かされていた。

当時、元カナリアのボン（ざわーるど）さんとはよくヨシモト∞ホールでライブなど出番が一緒になっていた。ボンさんは大阪から東京に上京してきたので大阪吉本のことを知る大事な情報源だった。

その頃から注目若手コンビの三羽ガラス、千鳥さん、笑い飯さん、麒麟さんの凄《すご》さは聞いていたが、ボンさんの口からはとにかくダイアンの話が溢れてくることの方が多かった。

1年目から大阪の若手は、毎月劇場で、ただ「面白いか面白くないか」で競わされる。そこでダイアンの負けたところを見たことがない、と言っていた。自分もある程度の笑いは取っていたつもりだし、人気もあったつもりだが、ただの一度も1年後輩のダイアンには勝てたことがなかった、と。

ボンさんは清々しく、苦い思い出話を囁《ささや》いてくれた。

ネタの面白さでお客さんにしっかりウケている。しかも芸人やスタッフなどの身内も面白いと太鼓判を捺《お》している。いずれダイアンの時代が来るのだろうな、とボンさんの洗脳にも近い日々のお陰か、僕はそんなことをぼーっと考えながら東京での若手時代を過ごしていた。

ユースケとの間に生まれたナゾのくだり

だから、初めて大阪のなんばグランド花月（NGK）でダイアンに会った時には緊張した。何しろ彼らへの〝面白ハードル〟は最大限上がり切っている。津田とユースケに何か余計なことを言ってしまい「おもんない奴や」と思われるのが怖かった。

ところが会って喋ってみると、津田は祭りの時に張り切る下町の親分みたいに気さくだった。東京の僕らが知らないであろう難波《なんば》のグルメを教えてくれて、一緒に食べた。

「ほんまはもっと美味《うま》いのあんねんけどなぁー」

そう言って、漫画に出てくるような粋なかぶき者は、爪楊枝《つまようじ》なんかはくわえていなかったが、空を見ながら町中華を食べ、NGKに先導してくれた。

ユースケは、とにかく人見知りがすごかった。

まともに会話できるようになったのは、初めて会ってから10年以上が経過したここ何年かだが、出会ってすぐの頃、千鳥のノブさんとご飯を食べている時に少し話したことがあった。一緒にいて、とにかく居心地が良い奴だ、と思った。ユースケからは気を遣っている様子がまるでないため、こちらも一切気を遣わないで済む。意外にもお酒があまり飲めないので、酒を勧めたり勧められたりするややこしさもない。それ以来、劇場で会うと少し会話をするようになった。

「歯の矯正した方がいいよ」

ユースケは歯並びが悪いわけではないのだが、僕が8年という異常なまでの矯正期間を終え、ようやく人並みの歯並びになったという話をしてからはそんなノリが生まれた。

「俺が矯正したら、徳井くんになんぼか入るシステムなってんの?」

このひとくだりだけを、会う度に繰り返す。不毛だ。不毛だけど、芸人同士のこういう無駄なやり取りが僕はとても楽しい。

微笑ましい二人の関係

そんなダイアンの二人が口を揃えて言っていたことがある。滋賀に世界一美味しいタンメンがある、ということだった。そんなわけがないと思う。二人は中学時代の同級生だ。恐らく学生時代の思い出のラーメン屋さんがあるのだろう。だが、「世界一美味しい」わけがないと思う。

思うが、そんなことを僕が言っても「いや、マジで世界一美味いねん、マジやで」と、そうやって白熱しているダイアンは無条件に微笑ましくて面白かった。

千鳥が売れる前の雰囲気に酷似

昔から業界内でその名を知らぬ者はいないダイアンだったが、最近はそれがさらに加速している。何年か前、千鳥さんが爆発的に売れる直前の、あの噴火前のような雰囲気にとても良く似ているな、と僕は思う。

少し話は変わるが、『オッドタクシー』というアニメが２０２１年の春、テレビ東京で放送されていた。登場人物はみな、擬人化されたさまざまな動物で、主人公はセイウチ。謎《なぞ》めいた設定とストーリーで、とてつもなく面白いアニメだった。

人気の声優さんたちに交じり、ミキの二人やトレンディエンジェルたかし、森三中の村上さんやガーリィレコードの二人など、吉本の芸人も多く声優として出演していた。お笑い芸人・トニーフランクの「壁の向こうに笑い声を聞きましたか」という曲とのコラボも好評だった。

そこに、ダイアンが大抜擢《ばってき》される。

もちろん、「声優」なのだから、芸人たちはそれぞれいろいろな役柄を演じていた。実際に付き合いのある僕でも、パッと聞いただけでは誰か分からないほどに普段とは声色が違う。だが、ダイアンだけは、ダイアンのままだった。

これはダイアンの演技力の問題というわけではなく、このアニメで二人は、ダイアンとして起用されているからだ。一応「ホモサピエンス」の柴垣と馬場という役名が与えられているものの、アニメの1回目、ダイアンのラジオから物語は始まる。

「ホモサピエンス」はお笑いコンビで、一人は笑いに尖《とが》っていて、もう一人はテレビタレントとして名を馳《は》せていく。まるで近頃の芸人像の縮図のような「ホモサピエンス」だ。

その役に、ダイアンが見事選ばれたのだ。

芸人内でブームとなった『オッドタクシー』

このアニメ、芸人界隈では特に話題になった。アニメに詳しい天津の向《むかい》さんは最終回後に、『オッドタクシー』を振り返るオンラインライブまで開催した。それくらいブームが起きていた。

この「芸人内ブーム」が起きたものは、その後、爆発的な人気を得ることがある。

例えば『パッチギ!』、歌手の「竹原ピストル」、『キングダム』、『相席食堂』、それに『パラサイト』もそうだった。当然、そういった作品や人は元々有名で人気があるのだが、その魅力にとりつかれた芸人が、テレビやラジオ、メディアで夢中になって語ることで、より多くの人に届くきっかけになることがあるのだ。

だから『オッドタクシー』はもう終わってしまったけれど、これからもっと話題になる。そしてその中心は、誰がなんと言おうが「ダイアン」だった。

アイドルが放った一言「エンタメの頂点はダイアン」

ダウンタウンの松本さんの人気番組『人志松本の酒のツマミになる話』に出させて頂いた時、NMB48の渋谷凪咲《なぎさ》さんが「エンタメの頂点はダイアンだ」と言っていた。

一番のエンタメは笑いか、音楽か、はたまたそれ以外か、というトークテーマの時だった。冗談半分なのかもしれない。何しろ、バラエティ能力が高いと評判の渋谷さんだ。「そんなわけないやろ!」とツッコまれるのが狙《ねら》いだったのだろう。それでも、松本さんや千鳥さんのいる前で堂々と「エンタメの頂点はダイアンだ」と言い放つには、それなりの覚悟と情熱があるに違いない。松本さんも千鳥さんも苦笑いしていたが。

自分のいないところで自分の話が出るというのは、芸能界においてはそれが否定であれ肯定であれ、良い傾向だと思う。それがダイアンの場合、いま、本当にいろいろな番組でさまざまなジャンルの人が「好きです」「見てます」、と話しているのを聞く。

捨て身の覚悟で売れた「かまいたち」

ダイアンの後輩で今ノリにノっているコンビ「かまいたち」が売れ始めた頃、僕が二人から感じたのは「捨て身の覚悟」だった。周りからどう思われようと関係あるか。面白いとか面白くないとかそんなことよりも、絶対に売れたい。ようやく摑《つか》めそうな位置にやってきたこのチャンスを逃してなるものか……！　そんな、なりふり構わない執念とも言うべき気迫を何度も見た。

結果、かまいたちは売れた。爆発的に売れている。

コントも漫才もピンネタもロケも評判で、大阪でも面白いと言われ続け、レギュラー番組も多数持っていた、かまいたち。それでも飽き足らず、遂《つい》に東京へ進出し、もがきながらようやくやってきたチャンスを、死に物狂いで摑んだ。

一方ダイアンは、もともと恵まれていた。

仕事やお金やプライベートなことは分からないが、芸人にとって、同じ芸人から褒められ続けること以上に幸せなことはないと僕は思う。

つまらない人から揶揄《やゆ》されたことはあっても、きっと面白い人からはデビューからずっとダイアンには賛辞が集まっていたはずだ。それゆえ、売れるために、なりふり構わず突き進むことで、「面白くない」とか「ダイアンらしくない」といったふうに思われたり言われたりするのが怖いんだろう。

2018年に上京して以来、「東京でくすぶっている」「大阪時代の勢いはどうした」と芸人仲間からずっといじられ続けている。それでも、「ダイアン待望論」は決して消えないのだ。むしろ、あまりにも押し寄せている。日本中がダイアンの覚醒を待っている。

これ以上ないくらいに同業が推し、アイドルにも好かれ、アニメの世界でも注目を集め、いよいよダイアンに逃げ場がなくなった。もう、後にも先にも売れる道しか残っていない。今こそ初スベリのときだ。

ダイアンらしからぬ、けれど、ダイアンにしかできない売れ方をする時がきた。と、同期の僕は勝手に盛り上がっている。

安心感と期待感を両立できる奇妙なコンビ

オードリー

オードリーのM-1準優勝に抱いた敗北感

２００８年冬。まだ9年目だった僕ら平成ノブシコブシは日本テレビのスタジオにいた。

今では考えられないことだが、僕らとお笑いコンビ２７００とアーティストのPerfume さんとでコント番組の収録中だった。

我々もまだまだ若手、チャンスかもしれないと、その収録現場に自分の持っているもの全てを注入しようと張り切っていた。だが、頭の片隅にはしこりが残る。今日は、あの日だ。あの大会の日だ。

僕が大きな笑いもとれないまま収録が進んだ休憩中、楽屋のテレビではオードリーと呼ばれる恐らく僕らと同期であるらしいコンビが、『M-1グランプリ』で準優勝を果たしていた。しかも敗者復活戦から勝ち上がって。僕らはまた同期とのネタの戦いに敗れた。

そんな僕の敗北感にはお構いなしに、華やかなPerfumeとのコント収録が再び始まった。テレビが新たなスターを映したまま。

そんなこんなで今回は若林正恭《まさやす》くんと春日俊彰《かすがとしあき》くんのコンビ、オードリー。

全芸人トップクラスにクレバーな若林

「三国志」魏《ぎ》軍の天才軍師、司馬懿仲達《しばいちゅうたつ》。もしも実写化するなら若林くんが適役だ。全芸人を引っくるめても、あそこまでクレバーな人はいないと思う。だから今回は慎重に書こう。若林くんに睨《にら》まれるのは、蛇に睨まれるよりもずっと恐ろしい。

僕が初めてオードリーを認識したのはフジテレビのネタ番組。映るかどうかも分からないほど大勢の若手が集められた特番だった。

オードリーの二人はアメフトの格好をしていた。お笑い番組らしからぬ衝撃音と本気の音圧で、二人はぶつかり合っている。

なんとクレイジーなコンビなのだろう。アメフトのヘルメットについたフェイスマスクで、何しろ顔が見えない。そういうボケなのだろうけれど、できそうでなかなかできない逆張りだ。クレイジーでアナーキーなコンビなんだな、というのが第一印象だった。

ディレクターが放った衝撃的な一言

それからしばらく経《た》ち、そんなイメージを払拭《ふっしょく》するかのように、『M－1グランプリ』ではダークホースのオードリーが大会を駆け抜けた。優勝者よりも2位の方が得をする、その典型のようにオードリーは爆発的に売れていった。

その後、彼らを追うように僕らにも運良く、売れ始めたタレントがさまざまな番組に呼ばれる「芸能界一周旅行」のチャンスが訪れた。その中の番組でとても腹立たしかった記憶がある。

打ち合わせで当時の僕よりも少し年上のディレクターが楽屋にやって来た。

「ほんと春日さんって面白くないですよね。見掛け倒しというか、がっかりでしたよ」

は？

僕は打ち合わせの時、よほどな意見がない限り、俯《うつむ》き黙って台本を読んでいる。最初、何を言っているのか分からなかった。別に春日と仲が良いわけでも、連絡先を知っているわけでもない。だが、春日を面白くないと思ったことは一度もない。視聴者の方や、お笑いファンが否定するのは意に介さないが、同業者や関係者で春日を否定することには納得がいかなかった。だって春日は面白いから。間違っているかもしれないことを全力でやる。批判されるかもしれないことを当たり前のようにやる。

狂っている、そんな烙印《らくいん》を周囲は押すのかもしれないが、同業者からしたらそれは格好良いの一言に尽きる。

負けると分かっていても、スベると分かっていても、動じずに淡々と自軍の為《ため》に命を落とすことも厭《いと》わない。昼の番組だろうと深夜の番組だろうとお構いなしに「春日色」で染めていった春日を、僕は本当に格好良いと思う。

「三国志」で言えば、さながら張飛益徳《ちょうひえきとく》。蜀《しょく》のため、劉備《りゅうび》のために大きな槍《やり》を振り回し敵を打ち散らすような爽快《そうかい》感だ。

一見スベったり暴走していたりするようにも見えるが、それは演出や見せ方次第で変わることだから、むしろテレビマンの腕に問題があると言えるだろう。だからこの目の前のディレクターが「春日さんって面白くないですよね」と僕に共感を求めてきたのには恐怖を感じる。お坊さんに仏様の悪口を言うような、料理人の目の前で出された料理をほとんど残すような、怒りを通り越し、背筋が冷たくなるような体験だった。

そのディレクターの番組には出演したが、番組はすぐに終わった。そりゃそうだ、何にも分かっていない人間が番組を作っていたんだ。

この出来事があって以来、勝手に僕は春日のことを大事にするようになった。その頃はまだ話したこともなかったから本当に勝手にだし、大事にするといっても具体的に何かをするわけではなかったが、何があっても「春日は面白い」ということを信念のように持ち続けていた。

「俺がいく？　俺がいった方がいいでしょ」

次は若林くんの話だ。

これまで何度か若林くんと共演をしたことがあるが、強烈な記憶として心に刻まれているのはここ最近のことになる。

相方の吉村もレギュラーでお世話になっているバラエティ番組『しくじり先生』での出来事だった。吉村のピンチヒッターとして、お笑い芸人ジョイマンについて考える回に急遽《きゅうきょ》出させてもらった。

あの番組は北野貴章《たかあき》さんという方が総合演出をつとめている。『しくじり先生』を20代で企画し、人気番組にした人だったので僕も名前を知ってはいたが、番組に初めて出演して、北野さんと若林くんが二人三脚に近い状態で番組を作ってきたのだろうな、と思った。

本番中も北野さんは収録スタジオの出演者のすぐ側《そば》にいて、その場の流れやノリに鑑《かん》みながら番組を進行するためのカンペを差し替えていく。そんな北野さんの動きを見ながら若林くんが臨機応変に進行し、二人のやり取りを横で支えるハライチ澤部と、場をいい意味でかき回すアルコ&ピースの二人。

番組も終盤を迎え、ジョイマンの新しい芸風のカタチが完成し、実際にネタをやってみようとなった。ここからは僕の推察だが、本来ならばこの場にいる出演者それぞれがジョイマンと一緒にネタをやり、そのうちの面白かったものだけ放送しようという流れで、そのトリを、きっと若林くんが務めるつもりだったんだろう。

だが収録が押し、終了時間も近づくなか、若林くんは北野さんの方をしっかりと見て、放送では使われないだろう小さい声で「俺がいく？　俺がいった方がいいでしょ」そう言って席を立った。

打ち合わせの時間も数秒で、ジョイマン&若林はスタジオで爆笑をかっさらっていった。その瞬間、めちゃくちゃ格好良いと思った。番組を背負う責任感と芸人の矜持《きょうじ》をその背中に見た気がした。

安定感と期待感を両立するオードリー

Ｍ－１でスターになり、オードリーが売れ始めた頃、このコンビはバラバラに活躍していくのだろうな、と思っていた。しかし今現在、確かにバラバラの時もあるが二人での番組も数多くある。

それは、２００９年から10年以上、『オードリーのオールナイトニッポン』で走り続けてきた成果だと思う。ラジオの向こうから伝わる、若林くんのトゲトゲしさと、春日の柔らかさ。テレビで見るのとは違う二人の印象とやり取りに、コアなラジオファンだけでなく多くのリスナーが魅了されていった。

そんな「裏側」のはずの顔が、徐々にラジオから浸透してテレビ界でもオードリーの「真の顔」を何の違和感もなく発信できるようになった。全国区の表の顔が発するラジオでの裏の声、それらをどちらも合わせて見せて聴かせるという、新たなスタイルを確立させた。

『オードリーのオールナイトニッポン』10周年記念には、あの日本武道館を超満員にするイベントが行われたし、若林くんは南海キャンディーズ・山ちゃんとのオンラインライブ『明日のたりないふたり』も大成功させている。

今一番、安定感と期待感のあるコンビ、それがオードリーだ。

『あちこちオードリー』でのやり取り

そのオードリーの看板番組、と僕が勝手に思っている『あちこちオードリー』にコンビで呼んでもらった。『ゴッドタン』の佐久間さんがプロデューサーを務めているトーク番組だ。

あの番組での春日は、おなじみピンクベストと七三分けで胸を張る「春日」というキャラクターよりも素の春日に近いせいか、すごく柔らかくて心地良い。そして何より、よく笑い、他の番組ならスルーしてしまうようなささいなエピソードも深く掘り下げてくる若林くん。

番組では、吉村がしょっちゅうしている「(芸能界で)天下を獲《と》りたい」話に、若林くんが言及していた。

「毎週誰がゲストなのかも分からないのに、毎週その誰かの良さを出しつつ、当然のように面白いと思われるような番組を作り続けなくちゃいけないのって、大変だよ」

その言葉に、少し前に、極楽とんぼの加藤さんとお話ししたことを思い出した。

もちろん加藤さんは面白い。しかも個性的で、考え方もハッキリとしている。周りから尊敬されている大先輩だ。その加藤さんと何気なくお笑いの話をしていると、視聴率全般にとても詳しかった。

当たり前、なことなのかもしれない。でもMC経験の乏しい僕はテレビに出演する際に、視聴率というものを普段あまり気にしない。

それはスタッフさんが気にすることであって、演者が気にすることではない。演者はただ面白いことを考え、やってくれればいいと言ってくれるスタッフさんも数多くいるからだ。

だが、それはMC以外の演者が心掛けることなんだろうな、と思い直した。MCは番組を背負っている。その番組が終われば、自分はもちろんだがスタッフや関係している人の多くが大変な目に遭う。言うまでもなく、スポンサーさんがお金を出して、番組は作られている。そのスポンサーさんは、視聴率の良《よ》し悪《あ》しによって出す金額を変える。

だから、視聴率が高ければみんなが幸せだし、低ければ現場の空気は重くなる。

番組が終わる度、加藤さんは「僕の力が及ばず、すみませんでした」と頭を下げると言っていた。加藤さんだけのせいじゃない。けれど、それくらいの気持ちでい続けることがMCという仕事の責任なんだと思い知らされた。

売れようと決意した若林、バカでいる決意をした春日

若林くんも、その境地に至っているんだろうなと本番中に思った。

若手、ネタ番組、ロケ、ひな壇、MC横、MC、というように、芸人の仕事でもランクが上がるにつれ、悩みは変化し増え続ける。長くテレビに出続けられている人は、もうそれだけで尊敬に値する。変化の激しい芸能界では、成長しながら変化を恐れず前に進める人でしか、なし得ない偉業だからだ。

オードリーは情報番組や、動物の番組など、さまざまな番組を背負ってきた。それぞれ視聴者層はまったく違う。それでも手を抜くことなく、その場その場で最大限の努力を惜しまない。

僕なんかよりもよほど考察能力の優れている若林くんを考察するなんて大それたことはできないが、僕が思うオードリーは一言で言えばこれだ。

「売れようと決意した若林くんと、バカでいることを決意した春日」

何がどうとか言うのは野暮だ。でも、かつてフジテレビで見たアメフトオードリーも、『オールナイトニッポン』で斜めから削《そ》ぎ落とすラジオトークをするオードリーも、VTRを見てコメントをするゴールデンタイムのオードリーも、全部同じで全く違う。

ただ、根幹はなんも変わっちゃいない。司馬懿仲達と張飛益徳そのままだ。蹴《け》散らして、散らかった残骸《ざんがい》を奇跡のように組み立て、作品を創《つく》る。

そんな誰にも真似《まね》できないミラクル令和版三国志ストーリー。

相方の吉村じゃないが、オードリーの天下統一はもう目の前だ。

努力と変化を繰り返し続けたトリオ

ジャングルポケット

全《すべ》ての職業において、天才は存在する。

これまでも、僕が天才だと思う芸人について書かせてもらってきた。

そんな天才という人たちの中にはごく稀《まれ》に、時代を読む天才や努力し進化し続ける天才のような、自分の能力を最大限発揮できる〝天才中の天才〟もいるが、人類のほとんどは秀才と呼ばれる人たちだ。

努力を重ね、壁にぶち当たり、それでもなお努力を続けるか、諦めるか。もちろん僕ら平成ノブシコブシも前者だ。自分たちなりの芸を試行錯誤しながら舞台やテレビで披露し、僕なんかはウケることの方が少なくいつ諦めてもいいような芸人人生だったが、それでも恥を忍んで背伸びをし続けている。

だから僕は、壁にぶち当たっても諦めない人、泥臭くても努力を続ける人に好感が持てるし尊敬している。そんな愛を込めて、今回は努力と変化を繰り返し続けたトリオ、ジャングルポケット。彼らについて考えてみる。

若手時代から個性的だった三人

泥臭い。

ジャングルポケットにはそんな表現が一番似合う。

東京NSC12期生で、芸歴は僕らよりも7つ下にあたる。同期には世紀の大天才、渡辺直美がいる。

2006年に結成したジャンポケは若手の頃からわりかし早くに名を上げ、ノブシコブシと同じようなライブで何度も顔を合わせてきた。

リーダーでツッコミ、ネタ作りも担当している太田、派手な顔立ちと大声を武器にトリオの顔となったボケの斉藤、そして、誰からもいじられる〝隙《すき》〟をもつ、おたけ。三人とも若手時代から個性的で、沸点まで上がり切った時の面白さは手がつけられない、魅力的なトリオだった。

コント番組に呼ばれたり、ちょこちょこといろんな番組にも出たりしていた。恐らく、ひな壇に呼ばれ始めた相方・吉村と同時期に斉藤はテレビに出始めたのではない

当時ジャンポケはまだ孤軍奮闘、斉藤の強烈なキャラと大声だけを武器に、後にMCをやるような猛者《もさ》たちとひな壇で肩を並べていたに違いない。

だろうか。

おたけが起こした珍事件

その頃、おたけの実家のもんじゃ焼き屋にお邪魔したことがある。もんじゃってこんなに美味しいんだ、と驚いた舌の感触がいまだに忘れられない。それくらい美味しかった。今まで僕が食べていたもんじゃは、見た目がもんじゃだっただけで、本当のもんじゃではなかったんだ。

おたけは料理が上手だった。僕がスーパーで買ってきた上質な肉を、集まった芸人に焼いてくれようとしていた。

「これ入れると超美味いんですよ」

そう言って、おたけは刻みニンニクを入れようとした。ニンニクは間違いない。しかも料理上手なおたけの言うことだ。僕らは「おー」なんていう歓声をあげた。ただ一人を除いて。

「俺、ニンニク嫌いだから入れないで」

ＬＬＲというコンビの福田がそう言った。僕より2期下、おたけよりも5期上の芸人だ。なるほど、そういえば福田はニンニクが苦手だったな、と思い出し僕ら芸人一同は刻みニンニクを入れることは諦めた。ただ一人おたけを除いては。

「いや、これ入れた方が美味いんですよ」

おたけは譲らなかった。

「だったら、別のとこで炒《いた》めて食べる人だけ上から乗っけりゃいいじゃん」

福田の当然の願いも虚《むな》しく、おたけは淡々と刻みニンニクを高級ステーキにかける。

福田は黙る。

僕らも黙る。

おたけだけは楽しそうに肉を鉄板の上で転がしていた。

「できました！」

若干静まった店内で高らかに完成の声を発したおたけに対し、福田は無言でその場を去っていった。

カチャカチャというフォークの音だけが響く中でニンニク和えの肉を食べる芸人一同。おたけだけが気にすることなく昔話を喋《しゃべ》っていた。福田がまた姿を現し、荷物をまとめ始めた。

「僕、帰りますね」

福田の怒りをなんとかみんなで抑えたものの、これほどしょうもないことで喧嘩は起きるのかと驚く。おたけも福田も互いに一切譲らないゆえに起きた珍事件だったが、芸人となれば、この頑固さは二人にとって才能だともいえる。

良い意味でも悪い意味でも、おたけの個性。スペシャルな部分だと記憶している。

破滅的な馬券の買い方をする斉藤

斉藤とは、劇場で顔を合わせている頃からよく競馬の話をしていた。

そもそも「ジャングルポケット」とは名馬の名前だ。斉藤は若手の誰よりも競馬に詳しかった。次のレースは何が来るのかと、出番になるまで楽屋や舞台袖《そで》で井戸端会議を繰り返す。

だが彼の買い方は常に破滅的だった。穴馬の複勝を厚く買う、という同じく競馬を愛する先輩芸人・蛍原徹《ほとはらとおる》さんまでもが否定する、いつか崩壊するギャンブル買い。

複勝というのは、1頭を選びその馬が3着以内に入れば当たるという一番的中率の高い買い方だ。オッズが低い、つまり人気の馬なら1・1倍や1・2倍なんてこともザラで、大まかに言えば1万円買って当たっても、千円か2千円のあがりが出る程度。

ただ、1着は厳しくとも3着までならあり得るぞ、という競馬通ならではの穴馬ならば3倍やもっと高いオッズになる馬もなかにはいる。

そこに、若手の頃からどこで捻出《ねんしゅつ》してきたのか分からないが、50万円なんて大金を突っ込んでいる姿をよく見た。もちろん、当たったことも数多くあるのだろう。だが僕の知っている限り、大金を突っ込んだレース後、斉藤の目はいつも死んでいた。

それでも楽しそうに舞台で大声を出し、目の前のお客さんを笑わすことに全力を注ぐなんて最高の芸人だな、と僕は思う。

そんな斉藤にある日、良い穴馬はいないかと聞いたことがある。

「シャドウゲイトですよ」

複勝ならなんと5倍くらい。確かいつかのM-1の予選だった日に、僕はシャドウゲイトの複勝を30万円分買った。予選の同じ舞台には斉藤もいた。僕が買った馬券を見せると、

「え？　そんな馬買っちゃったんですか？　そこまで勝負するような馬ではないですよ」

と、目を丸くしていた。僕は耳を疑った。確かに、絶対来るとは一言も言っていなかった。僕とのちょっとした会話で「シャドウゲイト」と漏らしただけだ。

僕はその場で急激な眠気に襲われた。耳も遠くなった記憶がある。けれどM－1の予選がそろそろ始まる。

僕は隣にいる相方の大声も朧《おぼろ》げのまま、舞台に上がる。ネタが終わると競馬の結果が出ていた。3着以内にシャドウゲイトのシャの字もなかった。M－1の予選も落ちた。

けれど、これも10年以上前の昔話。そんな競馬好きな斉藤が今ではテレビで競馬番組のMCをやっているのだから、僕の紙切れになった馬券も無駄だったとは思わない。

歴史と努力と人生が詰まった太田のコンプラ度外視発言

数年前、ジャングルポケットが『キングオブコント』の常連にもなった頃、『酒と話と徳井と芸人』に来てくれたことがあった。話の大半はどうしても、おたけいじりになってしまう。

何しろ頑固ニンニク男、いじればいじるほど面白い話が出てくる。

番組の後半、酔いも回ってきた頃、太田が突如、放送禁止用語を乱発し始めた。リラックスできる環境とアルコールの相性は格別とはいえ、使えない言葉を乱用してしまう太田。

だがこんな太田が、僕は大好きだったりする。

小さな頃から柔道にいそしんでいた太田は、高校時代に愛知県大会で優勝するほどの実力の持ち主だ。道場や部活でのかなり厳しくキツイ指導の話も、楽屋ではよく聞いていた。

だからなのか、それとも元々の気質なのか、太田はいざという時に発する言葉がとても下品だ。今の時代には合っていないようにも思う。本当は改めた方がいいのかもしれない。でも、だからこそ、リアルな本心が伝わってくる。

ジャングルポケットの一番の良さは斉藤の大声でもおたけの天然でもなく、太田の真っすぐさなのだと僕は思っている。

番組を見ていて、例えば、おたけの場の空気を読まない暴言、先輩に対する失言、後輩に対する上から目線……などへの「殺すぞ」という太田のストレートな一言は、きっとボケでもなんでもない。

「あ、こいつは本当に殺したいって思っているんだろうな」

そうなると小手先だけのエピソードや上品ぶっている芸人の言葉は、耳に入ってこない。もう僕はテレビの前で太田の感情爆発待ちになる。

きっと劣等感もあったと思う。

2010年に『333 トリオさん』という番組が始まった時も、後輩のパンサーには速攻売れて置いていかれ、センスではジューシーズ（当時）に勝てないという立ち位置がジャンポケだった。しかもテレビに呼ばれるのは斉藤だけで、後輩や先輩からはおたけばかりがいじられる。ネタを書くことに没頭し、『キングオブコント』の決勝に何度も出るという偉業を成し遂げているにもかかわらず、相変わらず世間の評価は太田に向かない。

相方の吉村にも言えることだが、そんな劣等感と閉塞感《へいそく》でがんじがらめになった時に出る、虹《にじ》色の暴力性。

直接言ったことはないが、『ロンドンハーツ』や『アメトーーク！』でたまに出るあのコンプラ度外視の発言は、とてもじゃないが誰にも真似できない。歴史と努力と人生が詰まっている。

名馬よりも先に検索でヒットするように

後輩芸人に、このような考察めいたことをすると嫌がられることがある。けれど、苦悩と努力を重ねたジャンポケなら大丈夫だろう。

天才じゃない、そんな人間がほとんどだし、諦《あきら》めるのは簡単だし、不貞腐《ふてくさ》れたり他人のせいにすることがほとんどの世の中だ。それでもジャングルポケットは前へ前へと進んできた。

15年間足掻《あが》き続けた結果、ネットで検索すればあの名馬「ジャングルポケット」よりも芸人「ジャングルポケット」が先に出てくるようになった。

サラブレッドの「ジャングルポケット」は天才馬だ。血統も良い。でもそれを、鍛錬で超えることができる。血統なんて関係ない、美しく成長するなんて絵空事だ。

全芸人が見るべき、注目すべき、尊敬すべきは一頭の「ジャングルポケット」じゃない。芸人の「ジャングルポケット」だ。

誰がなんと言おうが、ジャンポケは「1着」だと、僕は確信しているよ。

令和のハイブリッド芸人

かまいたち

いまテレビで見ない日はないほど売れっ子の「鎌鼬」、いや「かまいたち」。今から、きっとかまいたちにとっては余計なお世話だろうことを書く。けれどそれは全部、僕からの賛辞だと思ってほしい。

昔から面白いと評判だった山内健司と濱家《はまいえ》隆一のコンビ「鎌鼬」は、いつの間にか平仮名で「かまいたち」になっていた。

つまりはそういうこと——コンビ名の表記とか、見た目とか、態度とか、そんなことは「売れる売れない」に直結するはずがない。でも、売れようとする心意気や行動は、そういうところから滲《にじ》み出るものだ。

「かまいたち」は少なからず「鎌鼬」よりも売れようとしていたはずだ。

「芸人が売れる」のすべてが詰まったロンハー

ちょっと話は逸れるが、『ロンドンハーツ』は本当に偉大な番組だと思う。

単純に面白いとか、視聴率が高いとか、そういった要素ももちろん大切だけれど、それ以上に「芸人が売れる」ということの全てがロンハーに詰まってる、と僕は考えている。

『ロンハー』は大抵、深夜に無観客で収録される。売れっ子たちのスケジュールを合わせるためには、どうしても深夜になってしまうらしい。

そんななか、忙しくて体力的にも一番疲れているであろうベテランの先輩ほど、本番を全力で走り抜けてくれる。ひぃひぃ言う後輩を尻目《しりめ》に、撮れ高を遥《はる》かに超えているはずなのに、手を抜かず吠《ほ》え続ける先輩方。

しかも収録を見守るのは、決して愛想笑いはしない笑いに厳しいスタッフさん。そして、スベって落ち込んだり緊張から前に出られなかったりする若手の感情や動きを一つも見逃さない、MCのロンブーの（田村）淳さん。

あそこ以上の鉄火場はない。特に現代、『ロンハー』以外の修羅現場は次々となくなっていった。

僕も若手時代、何度か呼んでもらったことがあるが、無論、上手《うま》くいかなかった。

だと思う。今思えば収録中に、心の中で言い訳ばかりして、逃げて折れているフリをしていたん

相方の吉村は頑張って前に出ようとしていたが、毎回心身共に傷だらけになってい
た。

当時は、後に番組のMCを任せられるような化け物が同じひな壇に並んでいた。千原ジュニアさん、小籔千豊さん、おぎやはぎさん、フットボールアワーの後藤さん、それにブラックマヨネーズさんもいた。負けて当然、という言い訳も通用せず、全員ライバルのような立ち位置で結果も同じように求められていた。

メンツは違えど、今の『ロンドンハーツ』もきっと似たようなものだ。

若手からしたら、狩野（英孝）くんや千鳥さん、バイきんぐ小峠さんやアンガールズ田中さんといった〝モンスター〟たちと横並びにさせられるのかと驚いていることだろう。

そんな猛者たちと同じ立ち位置で同じような結果を生め、なんていうのは、テレビに出だしたばかりの若手には本当に酷だとも思う。

プライドを捨てた濱家

2017年に『キングオブコント』で優勝し、東京の「芸能界一周旅行」をし始めた時のかまいたちと、毎日のようにテレビに映るようになった現在のかまいたち。本当に同一人物かというくらいに見違えた。

面白いし、どっしりしているし、柔らかいし、安心して笑える。

何年か前、東京のテレビシーンを千鳥さんが駆け抜けていった時、僕の周りの先輩たちは「ノブさんが変わった」と口を揃えて言っていた。僕からしたら、大悟さんもノブさんも、二人とももうずっと前から面白かったけれど、先輩たちからしたら違う見え方があったのかもしれない。

同じように、濱家は大きく変わった。

ときどき番組などで濱家がいじられたりする姿を見ると、覚悟を決めたんだろうな、と勝手に思っている。それはやっぱり「売れるんだ」っていう覚悟。

「売れたい売れたい」と口先だけで言っている人間はたくさん目にしてきた。そんな人間には絶対に出せない、口にも出さないくらいの「ここで絶対に売れるんだ」という覚悟だ。

いじられて、でもそれを確実に笑いに昇華する濱家を見ていると、その覚悟と本気をビンビンに感じる。格好良いなぁと思う。

そんな姿を、少数のお笑いマニアが揶揄したりいじったりしようとも、濱家がやっていることはそう簡単なことではない。そもそも持っているお笑いの技術の高さはもちろんだし、自身のプライドも一旦《いったん》破壊しただろうし、失ったプライドを超えるプライドを、もう一度心に据え置かなければならない。

売れるために好感度を捨てた山内

その隣にいる山内もまた、売れるために好感度を捨てた。と、勝手に僕は思っている。

ストレートな皮肉をあえて言ったり、狡猾《こうかつ》な表情をわざと作ったりすることがあるが、芸人仲間はみんな分かっている。元来、山内は真《ま》っ直《す》ぐでずるいことをしない。それでいて面白い、と。

ただ、その場が面白くなるなら、自分がどう思われようとかまわない、と何でもやってくれる。先輩からのフリに全力で応《こた》え、ヒール役すらすすんで買って出てくれる。視聴者やネットの声なんか気にせず、最短で真っ直ぐに面白い方に走ってくれる。

千鳥さんとの番組で真正面からイヤな役を背負う山内を見ていると清々《すがすが》しいし、千鳥さんがそんな山内を信頼し、安心して任せているのも伝わる。

それも隣の濱家の覚悟を感じ、今まで以上に「普通」と「面白い」の二択をつきつけられたとき、迷わず面白い方を選ぶようになったからだと思う。

「笑いのルール」を作るようになったかまいたち

最近のかまいたちの安定感はすさまじい。

二人で織りなす正義は、周りが何と言おうが、悪すらも正義にすり替える。笑いが起きていないような現場でも、二人が笑っていたらそれはもう「面白い」に変わっていく。かまいたちの二人がルールを作るようになったのだ。

二人の冠番組『かまいガチ』を見ているとそんな場面をよく目にする。

世間ではどんなに間違っていようが、二人の中で見える道筋が同じならそれでいい。そんな彼らの姿を見るのは、心地よくすらある。素晴らしいコンビになった。そりゃ売れるわ、と思う。

「目的は金」と言える山内の透明感

そんなかまいたちが覚醒《かくせい》する少し前に、酒を飲みながら笑いを語るという僕の

YouTube『酒と話と徳井と芸人』に来てくれたことがある。

山内の考え方は、芸人には珍しい稀有《けう》なものだったのを記憶している。

「とにかく金を稼ぎたい。僕の能力と見た目を考えた時にお笑いが一番金を稼げると思ったからお笑いをやっている」

まるでIT社長のような聡明《そうめい》さだった。ここまでハッキリと「目的は金」と答える、まっすぐで透明感のある芸人がいるだろうか。

M-1も『キングオブコント』も、栄誉のためじゃない。賞金のその先にあるだろうギャラや芸人の「格」などのためにタイトルを獲ろうとしていた。

ある意味では熱いのかも分からないが、その気持ちだけで『キングオブコント』優勝を果たし、M-1の決勝ステージに何度も駒《こま》を進めるなんて、虎視眈々《こしたんたん》にもほどがある。

山内は競馬もやる。

だが、ギャンブルでも考えは同じで、ロマンやドラマを感じるわけではないらしい。稼げるから、もしくはいずれ稼げるようになると思うからやっている、と。頭の良い大学生が集まり、絶対に勝てる競馬予想のAIを作ろうとしているニュースをたまに見るが、たぶんそれに近い。

感情的な理由はいらない、勝てるからやる。負けるなら、やらない。

こんな白黒ハッキリついた考えを、思い付く人間はいても、揺らがず実行に移せる人間はそうはいない。

「昭和の芸人」の空気を持つ濱家

対して濱家は激情家だ。ザ・昭和の芸人だともいえる。

千鳥の大悟さんに可愛《かわい》がってもらっていたというのもあって、面白いということを追い求め、大雑把に生きて宵越しの金を持たないような昭和の背中を持っている。後輩に飯や酒を奢《おご》り、お笑いのことでなら先輩と揉《も》めることも厭わない。

以上は僕の勝手なイメージではあるが、そんな濱家が『酒と話と徳井と芸人』に来てくれた時、酔いが回って山内に漏らしていた。

「俺、山内の足を引っ張ってないか?」

泣きそうになりながら芋焼酎《じょうちゅう》のソーダ割りを啜《すす》っている。番組でも言っているが、ネタ作りの10割を山内が担当している、らしい。

そんなことはコンビであればよくあることだし、誰かの考えたことに全身全霊を捧《ささ》げるというのは素晴らしい役割だと思う。役者さんと同じだ。

そんな濱家の本音に山内はさらりと「こいつ、ＭＣができるんで」と返す。

僕はそんなやり取りが正直羨《うらや》ましくさえあった。お互いの強みを認め合っていて、それを表に出して言えるコンビは強い。

ネタが面白くてＭＣもできる。クレバーな山内と昭和を背負う濱家。

自分より若手と絡《から》んでいて、安心できるコンビは少ない。けれどかまいたちとは安心して一緒に仕事ができる。僕みたいなもんが思うのだから、もっと感受性の強い先輩や後輩、スタッフさんにいたっては、同じことやそれ以上のことを思っているだろう。

それが視聴者やお客さんにも伝わった結果、今のブレイクがあるのだと思う。

令和のハイブリッド芸人

ただ、僕が一番すごいと思うのは、面白いとか、頑張ったとか、諦めなかったとか、そんなことじゃなくて、「かまいたち」がネタやコンビ名の表記やその他、有形無形さまざまな要素を変えながらも軸はブレずに、前に進み続けたことだ。

同じことを続けられる天才、壁にぶち当たる度に方向転換できる器用さ、努力するのは当たり前、諦めるのは逃げ……。

こういった全部の良いとこどりをして、令和のハイブリッド芸人かまいたちが誕生したんだと思う。

何かを手に入れたいと願いもがく若手はたくさんいるだろうけど、何も手に入らなくて足掻いた日々が、一番の財産になる日がきっと来る。かまいたちを見ていると、そんな青臭いことだって、言えてしまうのだ。

オズワルド

「第7世代」を終わらせるコンビ

オズワルドは売れると確信していた

『M-1グランプリ』の歴代チャンピオンのネタ作成者の方を教授として招き、お客さんの前でネタを披露した若手がその場でダメ出しもされるという、直球で残酷なイベントがある。「漫才大学」というライブだ。

僕はそのMCを何度かやらせてもらったことがあり、そこにまだ無名だった頃のオズワルドがいた。オズワルドの他にも、2021年のM-1を沸かせたインディアンスやゆにばーすも出演していて、彼らは当時からお客さんにもウケていたが、それに比べると、オズワルドはまだまだ受け入れられていないように見えた。

けれど、僕は売れると思った。結果論だろう、何をダサいことを言っているんだと非難されることも覚悟して言う。

ずっと前から僕はオズワルドは売れる——そう思っていました。

まだまだ有名ではなかった頃に、僕の YouTube『徳井の考察』でも、オズワルドは絶対有名になるから全国各地の番組スタッフの皆さん、今のうちに唾《つば》つけておいた方が良いですよ。そんなこともほざいていた。

「やっぱり徳井さんって見る目があるんですね〜」

そんなことを言われたいのではなくて、いや、少しくらいは言われたい気持ちもあるのだけれど、でもそんなことではなくて、オズワルドが今後少し自信をなくしたり調子が悪くなったりしたような時。そういえばどこかの先輩が自分たちのことを褒めてくれていたな、だったら、もうちょっとだけ頑張ってみようかなと、そんなふうに思い出してくれたらという思いで書きたいと思う。

2019年にM‐1の決勝に初めて進出してからは、テレビでもよく二人を見るようになった。特にツッコミの伊藤（俊介）はそのキャラとトーク力で、誰がどう見ても即戦力で活躍できる逸材だった。まだまだ世間的には無名だった頃に出演した『アメトーーク！』では、恐らく台本にはないだろう部分でも暴れ回っている彼を見た。「いや」「でも」を繰り返し、スタジオを引っ掻《か》き回す。

一般的には、会話で否定の言葉を多用するのはよろしくないとされている。けれどバラエティにおいては、否定をすれば注目が集まる。そこでシュートを決めれば拍手喝采《かっさい》。外せば盛り下がり、スベる。逆に肯定ばかりしていれば妙な波風も立たずに収録を終えられるだろうが、それでは置物と一緒だ。どんなに怖くても若手なら、ひな壇の最上段からでも、否定の大声を張り上げ、一石を投じたほうが、スベる可能性も高いが、大きなチャンスとなる可能性も上がる。

と、口で言うのは簡単だが、そんなことはなかなかできない。できた人が現在のお笑い界に残っているだけで、当然の如《ごと》く僕なんかはビビりタヌキの置物みたいに、固まっていることがほとんどだった。

だが伊藤はビシバシと前に出ては「余計な一言」を放ち続けていた。久々に怖い若手が出てきたな、とひな壇にいる先輩方も思ったのではないだろうか。

一筋縄ではいかない曲者と、最強の憑依《ひょうい》型芸人

当時の伊藤は、妹（女優の伊藤沙莉《さいり》さん）の話をすることもなかった。

本人に詳しく聞いてはいないが、売れっ子女優である妹に迷惑を掛けたくない、そんなプライドがあったのかもしれない。実際、明らかに妹さんの名前のおかげで自分

にも声がかかった仕事については、

「いつか俺のバーターで妹を呼んでやる‼」

そう、吠えていた。

それを聞いた僕は、いいぞいいぞ！と拍手を送った。馬鹿《ばか》にされたり騙《だま》されたり、不義理をされてもなお、「売れるため」に頭を下げることも平気な芸人やタレントが多い昨今、オズワルドの実力ならば過度に下手《したて》に出るようなことはしなくてもいいと僕は思う。

『有吉ダマせたら10万円』という番組に二人が出ていたときのこと。バンジージャンプを飛ぶのだが、コンビの片方は実際に飛び、もう片方は飛んだふりをしたCG映像なのを、どちらが本当に飛んでいるのか当てるというクイズバラエティだった。

誰がどう見ても伊藤が飛んでいて、相方の畠中《はたなか》（悠）が飛んでいるフリをしていると僕は思った。けれど実際には、飛んでいたのは畠中で、演技をしていたのが伊藤だった。

伊藤の演技の上手さはもちろんだけれど、実際に飛んだ畠中のすごさも計り知れない。これは騙せたからすごいとか、演技がどうとか、そんなレベルの話ではないのだ。

というのは、もうだいぶ前になるが、僕も小籔さんに連れられ茨城県にあるバンジージャンプに行ったことがある。確か100メートルくらいの高さがあった。当時は僕もまだまだ尖《とが》り気味で、別にバンジージャンプなんて怖くないですよ、みたいなスタイルを貫いていた。

だが、それまで10メートルくらいのプールになら飛び込んだことはあったが、いざジャンプ台の上に立ってみると足が震えた。

「死にたくない」

そんなガキの叫びみたいなことさえ思った。

けれど後ろで見ている小籔さんには、散々啖呵《たんか》を切ってしまっている。飛ばなきゃ、すぐに飛ばなきゃ……僕はそう思いながら、もはや勢いで5秒以内にはジャンプした。

飛び降りただけでもすごい、そう言ってくれる人もいたが、僕の場合はただ落ちただけ。

一方畠中は、両手を広げ頭からゆっくりと落ちていったのだ。あんな飛び方、スタントマンでもない限りできないし、初めての体験だとしたらなおさらだ。度胸があるとかそんなことでは片付かない。畠中は「憑依型の芸人」なんだと痛感した。

オードリーの春日と同じタイプの芸人で、僕もどちらかと言えばそうだとは思うが、その「憑依型芸人」の最高峰に畠中はなれると思った。

怖くないと思えば怖くない、死んでも構わないと思えば死に直結するような危険なロケでも、きっと無表情でこなせる。

コロナが落ち着いてロケが当たり前にできるようになった頃、誰にも理解できないような〝芸人的偉業〟を畠中は残し続けることだろう。その隣に立つ、「一筋縄ではいかない曲者《くせもの》」の伊藤は、きっと吠え続けてくれる。

何度も勧めたコンビ名の改名

「第7世代」という言葉は、もはや以前ほどは耳にしなくなってしまったが、オズワルドは本来「第7世代」だったはずなのに、ブーム当時、その波には一切乗れなかった。そんな「非第7世代」のオズワルドが、霜降り明星のブレイクで始まったこの「第7世代」全盛の時代を終わらせるのではないかと僕は考えている。

そんなオズワルドに、僕は何度も「コンビ名を変えたら?」と、勧めた。

「別に良いですけど」と答える伊藤に、「何でも良いなら今変えたら?」と迫った。

オズワルドはケネディ暗殺の容疑者の名前と同じということもあるし、拘《こだわ》りがないなら今後のためにも変えた方が良いんじゃない、と。

余計なお世話とは承知の上で、会うたびに何度も言い続け、ラジオやライブでも繰り返し言ったが、一向に僕の言葉は届かない。

畠中は僕の話を聞いて、「変えましょう」と言ってくれることもあった。だが伊藤は、「分かりました」と言いながら、全く首を縦には振らない。

一度テレビで、番組内でいよいよ名前を変えようという企画があった。オズワルドの改名をしようと、同じラジオで僕と一緒に話してくれた極楽とんぼの加藤さんが出演していた。それまで改名を断り続けてきた伊藤は、ラジオではなくテレビでなら考えます、と冗談混じりに言っていたこともあり、加藤さんがオズワルドのために、自分の冠でもない番組に出てくれるというおまけつきだった。

だが、最後まで伊藤は首を縦に振らなかった。

隣にいた畠中曰《いわ》く、最後の最後は加藤さんが気を遣い、改名するわけがないようなコンビ名を提案して下さり、それを二人が断って笑いで締める、そんな展開だったらしい。

なんという頑固者だろうか。だが、やはりそれで良いのだと僕は思う。

自分の意思に反したことでも、番組の流れや先輩の意図に従って、誰にでもペコペコ頭を下げるような芸人、誰が憧《あこが》れるんだ。好き嫌いがハッキリしていても、偉そうでも頑《かたく》なでも、面白ければそれでいい。

かつて僕らが夢見た「芸人」というのは、そんな偏屈で不器用なヒーローだったはずだ。

2021年のM-1を振り返って

2021年の『M-1グランプリ』は、錦鯉が優勝した。50歳と43歳の苦労人コンビの優勝に、スタジオは涙と感動に包まれていた。その隣で、準優勝のオズワルドは何を思ったのだろうか。「漫才大学」や舞台でネタを磨き、色々なテレビに出ながら二人で同じ目標に向かって努力を重ねたであろう1年間。

本当にあと一歩、半歩、四分の一歩、届かなかった優勝へのビクトリーロード。オズワルドの二人のつま先は、「M-1優勝」に確実に当たっていた。

だが、2021年、重たくて苦しい、M-1からの解放は叶《かな》わなかった。本人らが一番悔しいだろうが、これでオズワルドはますます忙しくなる。

そして、世間が畠中を「発見する」タイミングは、もうすぐそこまで来ている。

芸人が芸人のことを語る時に「あいつは尖っている」なんて表現をすることがある。人によってはネガティブな表現として使うこともあるようだが、僕にとっては最大級の褒め言葉だ。畏敬《いけい》の念に近い。

若い頃は「面白い」ということ、それだけを考え行動ができる。そんな純度の高い芸人がたくさんいた。だが、歳《とし》をとることが原因なのかどうかは分からないが、30歳を過ぎた頃にはもう、生活がどうだとか、世間の目がどうだとか言い出し、その純度が少しずつ濁ってくる。やがて純度は失われて、逆に公共性が生まれてくるのだが、「尖り」が失われることは悪いことばかりでなく、良い面も持っている。むしろ、尖っているままでは売れない、なんていうことも、よく目にするし耳にする。

僕もそんな過程を経て売れた芸人をよく見てきたし、この本にも書いてきた。

それでもやはり、人からどう思われようが、自分の人生を懸けて一番面白いことに挑戦しようとする姿はとても美しいのだ。

だからこそ、今回コロナで途中棄権せざるを得なかった「コウテイ」があのまま残ったら、この大会はどうなっていたのだろうと、ただのお笑いファンみたいだが考えてしまう。

今回、決勝に進出したロングコートダディや、真空ジェシカ、ランジャタイは、僕が言うところの尖っているコンビだと思った。だからこそ眩《まぶ》しくて格好良かった。どのコンビも、身も心も日々も全部投げ打って笑いに没頭して勝ち上がったM-1の決勝戦。惜しくも敗れ、それでも敗者コメントで笑いを取りにいく。そんな彼らの姿が今回の僕のMVPだった。

ロングコートダディの負けが決まった時、彼らは後ろを向いて最終決戦用のネタ合わせをしていた。ランジャタイは、オール巨人師匠の段ボールパネルを持ち込み笑いを誘った。真空ジェシカは『キングオブコント』の決勝のように、ネタバレを防ぐためのマントに身を包んで会場を沸かした。

すべてを懸けた戦いに負け去る瞬間に、そんな道化みたいなことを本来ならばやりたいわけがない。でも、芸人だから。悔しいとか、恥ずかしいとか、そんなことよりも滑稽《こっけい》であり続けることを選んだ若者に、本当に頭が下がった。

ラストイヤーに敗者復活戦から勝ち上がったハライチも見事だった。あの、超若手時代の尖りに尖った岩井の姿を再び見せつけてくれた。

「何か起こしてくれそう」、そんな芸人に一番必要とされ、見ているものをワクワクさせるパワーを身にまとい舞台で暴れまくる岩井は、やはり現役なんだと感動した。

披露されたネタや審査結果への賛否は、山ほどあった方が良い。それでも優勝した錦鯉が2021年は一番面白かったし、2022年もまた、一番面白いコンビが新たなM-1チャンピオンになる。

オズワルドが2022年もM-1に挑戦するかどうかは分からないし、悩んで決めたことならどちらであろうと何も問題はないが、どちらにせよ彼らはどんどんと売れて有名になっていくだろう。

伊藤よ、そうなるとほら、改名のチャンスはもう本当になくなっちゃうよ？

死角なしの怪物
有田哲平（くりぃむしちゅー）

『敗北からの芸人論』の文庫化が決まり、もう一人どなたか芸人さんのこと、加筆してみませんか？　と出版社さんからの相談があった。

僕の中では「くりぃむしちゅー有田哲平」一択だった。

とは言うものの、実は有田さんと僕はほとんど接点がない。いや、なかった。くりぃむしちゅーさんとの思い出は2010年頃に出演させて頂いた『SOFTくりぃむ』くらい。

そんな僕のスケジュールに「ソウドリ」という文字が突然躍った。その字は、正に踊って見えた。

そもそも僕はイチお笑いファンとして、ただの一視聴者としてTBSさんで放送していた『賞金奪い合いネタバトル　ソウドリ～SOUDORI～』を毎週観ていた。若手がネタをするというシンプルな番組だったが、有田さんは「ドン・アリタ」という世界的プロモーターのキャラに扮し、TBSのアナウンサーさんも本人とはとても良く似ているが同一人物ではない、という枠組みの凝ったお笑いネタ番組だった。

番組の総合演出の藪木さんとは『レッドカーペット』時代からの知り合いで、とてもお笑いをリスペクトしてくれる愛のあるスタッフさんの一人だ。

そんなスタッフの愛と有田さんの並々ならぬ拘りが交錯する番組に、何故《なぜ》かほとんど関わったことのない、僕が呼ばれた。

「お笑いについて喋《しゃべ》りたい、喋るなら徳井が良い」

青天の霹靂《へきれき》とは、このことだ。

やい高校生の頃の自分見てるか、聞いてるか？

お前が毎週のように観ていた『ボキャブラ天国』、その中で面白いことに特化し、尖りまくっていたあの海砂利水魚《かいじゃりすいぎょ》の有田さんから、御指名を頂ける時が来るぞ。辞めなくて良かったな、お前、お笑い。

と、そんな風に珍しく大声で自慢したいくらいに嬉しかった。

だが同時に不安も襲ってくる。

何せ、元海砂利水魚の有田さんとタイマンでお笑いについて喋るわけだ。怖すぎる。

何度も頭の中で設計図を作り出し、壊す。

面白くないと思われたらどうしよう、ピンチはチャンスとよく聞くが、芸能においてはチャンスがピンチに裏返ることなどザラだ。

緊張しながら一人ぼっちの楽屋で待ち時間を過ごし、いざ本番を迎える。素晴らしい編集と有田さんの今までに見たこともないようなお笑いに対するぶっちゃけで、なんとか収録は無事終了。

するとまた2か月後、スケジュールに「ソウドリ」の文字が躍っていた。

今度は前回よりも少し楽しそうにカタカナ達が躍っていた。

そんな不定期な関係ながら、『ソウドリ』には収録の度、呼んでもらえるようになった。

『ソウドリ』は芸人視聴率が高く、みんなに羨ましいと言われた。

この番組内で有田さんからたくさんの考え方や歴史を聞いた。

だから芸人コラムを書くなら有田さんでいきたいと思った。

そんなことを話したら、出版社の皆が目を丸くした。

「え？　そんな、重鎮のこと書いても良いんですか？」

目と口をパクパクしている、会議室内をその動揺が支配する。

正直ご飯を食べに行く間柄でもないし、有田さんのことを書くということは本人は勿論、事務所側の許可も必要になる。

でも書きたい、という思いは譲れなかった。

打ち合わせが終わり早速、何ラリーかしか動いていない有田さんにメッセージを送った。

「『敗北からの芸人論』が文庫化することになりまして、プラスで誰か芸人さんについてのコラムを書くことになったのですが、僕は有田さんのことが書きたいです。書いても良いですか？」

とても売れっ子とは思えないスピードで返信があった。

「好きに書いてよ、でも俺のことなんか書くことあるかな？」

「山ほどあります」

僕に、くりぃむしちゅー有田哲平のコラムを書くことが許された。

『ソウドリ』内で有田さんが語ってくれたこととは、要約すると「芸能とは、変化し続けること」だと僕は受け取っている。

そういえばザ・ハイロウズも「変わらないために変わるんだ」って歌ってたっけな、やっぱ偉人は同じ答えに到達するんだな。

今の若い人達は、くりぃむさんの若かりし頃を知らないだろう。ま、そりゃそうだ、だって若いんだもん。

僕ら世代からしたら、改名前の「海砂利水魚」さんなんてカリスマ中のカリスマ、劇薬中の劇薬よ。

千原兄弟さんが良く若い頃のことをジャックナイフなんて例えられてるけど、僕らからしたら海砂利水魚さんも出刃包丁くらいバキバキに尖ってた。

本当のことは分からない、ただテレビの前で見ていたお笑い大好き少年からしたら『ボキャブラ天国』に出演している時も、他の芸人さん達はワチャワチャ楽しそうにしてるのに、有田さんは笑わないし、上田さんはずっと何処《どこ》かを睨《にら》んでるし、スッと出てきて笑いを掻《か》っ攫《さら》ってまた憮然《ぶぜん》と踵を返す、そんな感じだった。

その頃のこと、事実のほどを聞いてみる。

「恥ずかしながら、尖ってた」

有田さんは恥ずかしそうに笑ってた。

僕は嬉しかった。だって海砂利水魚だもん、あれで場に順応してヘラヘラヘコヘコしてたら我々の若い頃返せ、って思っちゃう。

けど話には続きがあった。

アンジャッシュ、アンタッチャブル、海砂利水魚の3組で定期的にお笑いライブをやってたんだよ、今思えばバリバリに尖ってたやつ。何時間も打ち合わせして、あーでもないこーでもない、なんて言いながら、気まずいリハやったりなんかして。

一応チケットとかは200とか300だったと思うんだけど、まぁ即完でさ。で、その頃に東MAXから欽ちゃんの舞台に出ないか？って、誘われたの。萩本欽一さんの大きな場所でやる舞台に。

勿論、何度か稽古もあるんだけど、まぁその当時は何しろ尖ってるからさ、当の欽ちゃんも最初はいなかったから、もう全部超テキトーに「うぃーす」「ちゃーす」みたいな感じで声色も全部変えながらふざけながらやってたのよ。

もう本当に全部適当、良い台詞《せりふ》とか大事な台詞とかも、全部しっちゃかめっちゃか。でもまぁ、そんなの稽古ではウケるじゃない、身内だしスタッフさんとかも。今思えば本当は怒ってたのかも知れないけどね。

そんな適当な稽古を続けてきたある日、欽ちゃんが来たのよ、遂に稽古に欽ちゃんが。

そりゃあ俺も欽ちゃん見て育った世代だし、憧れも当然あったからちょっと背筋伸ばしちゃってさ、今までの稽古が嘘だったみたいにちゃんとやったのよ。

そしたら、稽古終わりで欽ちゃんが俺のところ来てさ、「なんで君はちゃんとやってるの？」って言うわけよ。いや、でも、大事な台詞とかありますし、周りに迷惑掛かっちゃうし、台本が壊れちゃうし、なんてモゴモゴ言ってたら欽ちゃんが「良いんだよ、君は適当な男、それが面白いんじゃない、いつもの稽古通りのまんまで良いんだよ」って。

だから欽ちゃんは俺がふざけまくってた稽古を実は見てたんだろうな。ちょっと俺も冷や汗垂らしながらさ、「いやいや、後半の良い台詞とか、なんか変な風になっちゃうんで」って食い下がったりもしたんだけど、欽ちゃんは「良いんだよ、君は適当なんだから、そのままで良いんだよ」ってさ。

で、結果舞台が始まったら有田さんはドッカンドッカンにウケたらしい。

そりゃ台本や内容からは逸脱したようなキャラだったから、最初はお客さんも違和感があったようで様子見の箇所もあったらしいが、中盤になれば「あの適当男」を会場も欲するようになり、気になっていた終盤の良いシーン、大事な台詞もその適当な男が言う、適当なトーンやバックボーンのお陰で涙涙の感動のシーンに変わっていったという。

やりながら有田さんも「うわー、欽ちゃんすげー」と、自分がキャラを生んで自分が勝手にやって結果を出しながらも萩本欽一という男に心底、感心驚嘆したらしい。

その舞台は今までにない手応えだった。

だが当時の有田さんの本線は、若手や目の肥えているお笑いファンの来場するライブ。またアンジャッシュさんやアンタッチャブルさんと膝と膝を付き合わせ、息も苦しくなるくらいの研ぎに研いだお笑いで勝負する。

そりゃ、全部が全部ウケるわけはない。それでも新しいこと、まだ誰も踏み込んだことのない境地を探していく日々。

ある日、あの欽ちゃんの舞台を観た、色んなテレビ局やスタッフさんから有田さんの元へ仕事のオファーが来始める。あの舞台でめっちゃウケていた例の適当な男を僕の番組でも使いたい——さすが欽ちゃんの舞台、関係者大御所もたくさん来場していたようだ。

有田さんの中で大きな疑問符が浮かぶ。

あんなに一生懸命打ち合わせをして、誰もやったことのないこと、新しいことを苦しみながら生んでやってるライブ、確かに楽しいは楽しいけどそこから仕事に繋がったことなどほとんどなかった。

なのにあれだけ適当に、ただただ楽しくしっちゃかめっちゃかやった舞台からは、オファーが止まらない現実。

俺は、一体何をやってて、何がやりたいんだろう？

僕はこのお話を聞いた後日、偶然に東ＭＡＸさんのラジオに出演した際、この時のことを聞いてみた。

「俺、有田の本当の面白いとこって今やってるような尖ったとこじゃないと思ってたからさ、欽ちゃんの舞台に呼んで、なんか変わって欲しいって言うか、気づいて欲しかったんだよねー」

武者震いがした。

東ＭＡＸさんの洞察力、欽ちゃんの芸能論、そして何より有田さんの才能とそれを放っておかない周囲からの愛。

そうこうしている頃には『ボキャブラ天国』もムーブメントを終え番組も終了し、海砂利水魚さんは『銭形金太郎』でボキャ天世代と手を繋ぎながらももがき、闘っていた。『ロンドンハーツ』で爪跡を残しながら「くりぃむしちゅー」へと変わっていく。

「名は体を表す」とはよく言ったもんだと思う。

「海砂利水魚」から「くりぃむしちゅー」に変わったのは確かウンナンさんの番組の罰ゲームだったと記憶しているが、その頃からくりぃむさんが爆発的に売れていった。名前がまろやかになったから、当時の固いイメージが払拭され、いじっても良いとスタッフさんや共演者、視聴者が思い始めたから、なのか。

本質は何も変わっていないはずの、名前が変わっただけのくりぃむしちゅーは一気に芸能界を駆け上がっていく。

破竹の勢いに加え、上田さんのうんちく王という武器まである。有田さんは面白い、上田さんも面白い、コンビ揃ってもピンでも面白い、当然のことながら冠番組を背負うようになる。

特番ではない、自分達の冠番組をゴールデンのキー局で背負うということ、ここが芸人として人間としての差、なんだと僕は思っている。

ちなみに、僕はそのような経験がない。

だから有田さんから発せられる節々の責任感と、ある種脱力的な諦め、これは極楽とんぼの加藤さんと話している時にも感じた特殊な覇気の形だった。

若い頃、自分が面白くなることしか、自分が面白いと思うことを表現することしか考えていない時期を、大抵の芸人は過ごす。それで良いと思う。

若い頃は、やはり尖るべきだ。

でも才能のある芸人達は、様々なシチュエーションや規模で、いずれ冠番組を背負うことになる。

地方だったり、ラジオだったり、スポンサーさんが1社提供の番組だったり、ネットの番組だったり。

「仕事に大きい小さいなんてない！」

もちろんない。

けど、用法容量は違う。全部同じようなスタイルでやれたら素敵だ。でも無理だ。

みんな、そこでスタイルを崩してしまう。

自分は何だろう？

何が面白いのか？

誰を笑わすべきなのか？

迷った芸人がまた居心地の良い場所に戻ることも少なくない。

それでも自分に自信がなくなり、何も信じられなくなっても立ち続け、闘い続けているのが、今テレビの中心でＭＣをやっている方々だ。

数字、視聴率をとても気にする。

当たり前だろ、と思う人もいるかも知れない。けど芸人で、若手の頃からこれらに関心を持てる人はほとんどいないし、気にしたとしても本当の意味を分かっていない。

番組を作るにはお金が必要だ、だからスポンサーさんに出資してもらう。とにかくスポンサーさんが偉いのはこれが理由だ。

その番組の視聴率が良ければ、お金を出してくれたスポンサーさんは継続し、応援してくれる。

たとえ面白くとも、視聴者が不快な思いをしたり、スポンサーさんが不愉快になってしまったらその「面白い」ってのは、その場に応じていない、間違いなことなんだ。ただ、現場が変わってお笑い能力を極端に試すような場合は、倫理観や道徳観、そんなもん全部忘れていい。

だってスポンサーさんは、その熱狂を望んでいるんだろうし、それを了承してお金を出してくれていると想像できるからだ。

この番組やコンテンツは家族で見ているだろう、一人で見ているだろう、恋人と、友達と見ているであろう、それを想像しながら自分の最大公約数を変化させながら、かつその場に応じた面白さにアジャストすることを繰り返しつつ、番組を作り続ける。

その胆力と才能は計り知れない。

だから有田さんはあの時、欽ちゃんに言われ体験したことも大事にしたろうし、アンタッチャブルさんやアンジャッシュさんと一緒にやっていたライブでのギラギラ感も忘れないようにしているだろうし、それでもスポンサーさん、その層の視聴者さんが不快にならないギリギリのラインを常に意識して番組に出演したり制作をして、芸人を続けているんだろう。

変わらない、って簡単だから。

それってただの逃げだから。

根幹は変えちゃいけないのかも知れないけど、時代や現場に応じて、そっと自分の牙を丸くするんじゃなくて隠す行為、これがＭＣレベルの芸人さんはみんな出来てる。

僕は、そこから逃げたんだと思う。

丁度有田さんと月一くらいの間隔で、『ソウドリ』でお話が出来るようになって、自分ももう良い歳なんだし、そういう概念と闘ってみようと思えるようになった。

『THE SECOND～漫才トーナメント～2024』ではハイパーゼネラルマネージャーという世界一胡散臭《うさん》い肩書きで有田さんが加入した。

きっとお笑いの大会の審査員の仕事なら断っていたはずだ。それでも『ソウドリ』で溢《あふ》れていた芸人への愛、それも芸歴16年以上で無冠達を競わせる漫才の大会には並々ならぬ想いがあったに違いない。

そこで「漫才というものは、何度もネタ合わせをして台本もあって、それなのにさも初めて聞いたようなツッコミの驚きや間、ボケの突拍子のなさとリアリティが素晴らしい」と洗練された漫才師達を称賛していた。

隣にいた博多華丸・大吉さんは「いやいやいや」と苦笑いをしていたが、ここが『ソウドリ』で話していた最も大事な漫才の焦点だった。

面白いネタ、奇を衒《てら》ったネタ、勿論すごいし格好良い。

でも、それって才能のある人なら出来る。もちろん僕には出来ないけれど、有田さんになら出来るし、きっと今までも山ほどやってきたんだろう。

その先にある、まるでボケていないような、別に突っ込んでもいないような二人のやり取り、そこに有田さんの漫才道が詰まっている。

上田さんの大好きなところはズバリそこだとも言っていた。

漫才においては当たり前として、ラジオで喋る時、フリーで話す時、もう何度も聞いているはずの有田さんの鉄板トークを、さも初めて聞いたかのような間と驚きと怒りを絶妙なタイミングで放ってくれる。

当然、有田さんのテンションも上がる。

観ている人、聴いている人も笑う、温度はツッコミが作り出す。

何度やっても同じようにリアクションする、確かに漫才やお笑いの構造をバラしてしまうようなことではあるが大丈夫、並の人間には出来ないし、たとえバレても笑わせられる。

それがプロだ。

だから何年経ってもくりぃむしちゅーのファンは減らないし、熱狂的だ。だってメチャクチャ格好良く嘘ついてふざけてくれるんだもの。

令和になり、働き方改革が起きて過ごしやすい時代になった。僕なんかは上手《うま》く人付き合いが出来ないし、まともに目を見て挨拶《あいさつ》なんかも出来ない超社会不適合者だから、もしも会社で働いていたら本当に現代は生きやすくなったと思う。

が、お笑い界においては違う。

ハラスメントとバラエティーは背中合わせだ。

有田さんの欽ちゃんから言われていたふざけ続けるキャラクター、誰かを思い出しませんでしたか？

アンタッチャブルのザキヤマさん。

ですよね？

師匠や弟子、などくりぃむさんには勿論いない。けれど強いていうなら有田さんには山崎さん、上田さんには柴田さん。言わずもがな、我々世代にとっては脅威を通り越して畏敬の絶対コンビ、アンタッチャブル。彼らを作り上げたのは、くりぃむしちゅーのお二人と言っても過言じゃない。

有田さんや上田さんから毎日のように繰り返される不条理なミニコント、発せられる奇なるボケ、強過ぎるツッコミ、そこから逃げることなく立ち向かい続けたザキヤマさんと柴田さん。気が付けば、くりぃむさんを脅かすほどのメンタルと面白さを手に入れていた。

そこに、ハラスメントという概念があったらこの関係は成立したのだろうか？　現代の過ごしやすい環境、プライベートと芸を隔離した生活に「異常性」は生まれるのだろうか？

今の若手を心配する柄でもないが、悔しくて泣かされたり、理不尽に怒鳴られたり、無意味な嫌がらせを受けたり、消せない復讐心を超えたところに、「芸」ってのは存在するんだと僕は思う。

だってアンタッチャブルは活動を再開して、あの頃と同じように今も圧倒的だ。

『ソウドリ』が終わってしまう、正に寝耳に水のような話だった。別に僕がレギュラーというわけではなかったが、当たり前のように毎月あの有田さんとお笑いのことを喋れていたのは、やはり夢だったかと思える。

最後の収録は「愛ＷＧＰ」という、有名で売れているＭＣ級の芸人が、自分は推しているがまだ売れていない、でも売れるはずだ絶対に面白いはずだという芸人を選出し、ネタで競わせる大会が行われた。

それも『ソウドリ』のトーク部分で有田さんが熱を持って語っていた構想で、いつか特番でやりたいと言っていたが「ソウドリ最終章」ではドン・アリタが復活し、このパイロット版が収録され、放送された。

その打ち上げに、僭越《せんえつ》ながら僕も呼んでもらえた。

収録には参加していないのに、招待して頂いた。

とても嬉しかった。

美味《おい》しいお肉を食べながら、TBSの重鎮スタッフさん達、演出の藪木さん、有田さんと初めて酒席を共にする。

緊張した。

「愛WGP」の感想を伺いつつ、映画の話になった。

「『ハロー!?ゴースト』観た？」

僕が観ていないと言うと、じゃあ内容は何も話さないから観て感想を教えて、と言ってくれた。

2日後に感想を送ると、

「遅かったな、ようやく観たか」

という返事がまた信じられないスピードで飛んできた。

さすがザキヤマさんを鍛え続けた男、先輩の薦めてくれた映画を2日経ってから観たのでは遅かったのか、厳しい。

そこで知る、なんと有田さんは映画にも詳しかった。

このコラムの執筆許可をお願いする時、新潮社の方々から有田さんは本にも詳しいと聞いていた。

最近ではラーメンの番組も始まり、地元・熊本では散歩の番組も始まった。

ドラマの主演も務め、『全力!脱力タイムズ』では番組の構成も行い、ゴルフの腕前も一流、無論プロレスにも詳しい。『有田哲平とコスられない街』を観ていたら、土田さん曰く、なんとサッカーにも詳しいらしい。

とにかく弱点がない。

その『ソウドリ』の打ち上げで、僕の言えなかった後悔について打ち明けた。

『ソウドリ』が始まった頃、有田さんが僕を指名してくれたとは聞いていたが、収録は緊張感に包まれていた。

色んな芸人のネタを見た後、僕は全部の台本を無視してそのネタに対し思うことや、そこから紐解かれる芸人の想い、歴史を有田さんに聞きたい！　という温度と欲求だけに任せて聞いていった。

番組的に考えると、もう少しこんなこと聞いて欲しいのかな?　この芸人について語って欲しいのかな？　なんてことも頭の片隅には浮かんだが、そんなことより目の前にいる超人・有田哲平から聞きたいこと、語って欲しいことを何よりも最優先した。

収録の最初は固く、疲れている表情だった有田さんの表情や語尾もドンドンと柔らかくなり、1時間を過ぎた頃には飲み会のラストくらいの感覚で番組収録を終えていた、と思う。

そんな収録を何度か繰り返し、奇《く》しくも僕が『ソウドリ』で有田さんとお会いする最後になってしまった収録、この回に僕は心底後悔をしている。

番組の収録や編集などからして、こうした方が良いのかな？　なんてことを考え始めてしまい、僕はカンペ通りに進行してしまっていた。

有田さんは後の打ち上げで「そんなことないよ」とは言ってくれたが、あの収録は上手くいかなかった。

偉そうなことを言わせてもらえれば、もっと上手く出来た。

僕じゃなく、有田さんをもっと心地よくさせられた。もっと気分良くお笑いのことを語ってもらえたはずだ。

初回のように、有田さんに聞きたいことを僕が番組の意図とか指示を全部無視して突っ走れば、もっと有田さんの真髄を窺《うかが》えたはずだ。

結果、スタッフさんにも申し訳ないことをしたと思うし、そもそも僕のMCを買って有田さんはお笑い談義の相手に選んでくれたわけじゃない。

それを忘れてた、見失ってた、おごってた。

『敗北からの芸人論』を出版し、直接的な害はないが、きっと芸人やお笑いファンからの風当たりは強くなった。

「誰が偉そうにお笑い語ってんだ、何もなし得てないくせに」

そりゃそうだ、その通り。

でもお笑いが好きだし、考えてたことは言いたくなるし、語りたくなるし、思い付けば提唱したくなる。その欲求に僕は素直に従い、今の芸能道を歩いている。

きっと有田さんが僕を選んでくれて、あのくりぃむしちゅー有田哲平とお笑いについて喋っていなかったら、今の僕の立場なんてなかったはずだ。

頭が上がらない。

もうこの本に書いてある人には全員頭が上がらない、恩人ばかりだ。

いつか僕も誰かにそう思われるようになりたい。

あなたの言った何気ない一言で、それがたとえ褒めていなくても、その一言で人生を見つめ直したり180度考え方が反転するような一瞬を作る場面の一端を担いたい。

有田さん、『ソウドリ』の短い期間ではありましたが本当にお世話になりました。

この場を借りて、もう一つ偉そうなことを言わせてもらえるなら、最近の柔和で垣根を越えた有田さんの御活躍は、僕との「ソウドリ解体新笑」のお陰も、あったりするんじゃないですか？

なんて。

おわりに

僕は高校の卒業文集に「30歳になったら死ぬ」と書き記していた。それは寿命とか体力的なことではなく、脳みそのピークが30歳だと考えていたからだ。老いを感じるくらいならば自ら命を絶ってやる、そんな凶悪な言説を吐き散らしていた。そしてその黒い卒業文集は、上京する際に北海道別海町の川辺で鉄のゴミ箱に入れ焼き捨てた。

そんな男が今41歳にもなり何の結果も出さず、のうのうとバラエティを語っている。しかも、それが本になるという始末。滑稽《こっけい》だ、滑稽すぎる。きっと、あの頃の自分だったら「早く自害しろ」と言い迫ってくるに違いない。

だが、現在の僕は醜態を晒《さら》してでも生き続け語ることを選んだ。

偉大な先輩方から生き方や品、礼節を学んだ。同期からは嫉妬《しっと》と屈辱、諦《あきら》めを教わった。後輩の眩《まぶ》しい言動や、危うい一挙手一投足には尊敬すら覚えた。

ダイアンの章でも少し触れたが、ピン芸人のトニーフランクに、「壁の向こうに笑い声を聞きましたか」という曲がある。

大好きな先輩やめてった　才能ある後輩やめてった　仲が良かった同期もやめてった

芸人が生きる世界をこれ以上、的確に言い表している言葉は存在しないというほど、秀逸だと思う。そんな僕の気持ちをトニーフランク本人に伝えた。彼とはこれが初コンタクトに近かった。向こうからしたらとんでもなく不気味だったろう。だが、「ありがとうございます」と頭を下げてくれた。

「格好つけた歌ばっかうたって、つまんねぇよとか、もっと面白い歌うたえよ、とかって言われることが多くて。今やってることが正しいのか迷ってたんですけど、もうちょっと突き進んでみます」

嘘《うそ》かもしれない。全《すべ》てを真に受けちゃいけないというのは、「はじめに」でも書いた通りだ。

けれど、心が熱くなった。

僕が思ったことを口にしたことが、芸人を続ける一つの理由になってくれる人が一人でもいるならば、馬鹿《ばか》にされたっていい。笑われたっていいから、言い続けたい。才能のある後輩には、もう辞めて欲しくない。

頑張っていれば、続けていれば絶対売れる、と僕が無責任に言い続けた「ボーイフレンド」という漫才師が解散を発表した。彼らの連絡先も知らない、なんて声をかけて良いかも分からない。ただ罪悪感のような苦々しさと、何もできない無力さを、解散のネットニュースから味わった。

『徳井の考察』というYouTubeで褒め倒した「ジャンゴ」というコンビも解散してしまった。

我々芸人がずっとテレビで生き残っていける確率はどんなものだろう。

20代ならなんとかなる。ポッと出の若手も最初はちやほやされる。

30代になると、同時期に出てきた半分くらいが消えていく。先ほど言った20代のポッと出と入れ替わるのだから仕方のないことだ。

40代になると20代の頃からの同期のうちのもう10%も残っていない。わざわざ高いギャラを払ってまで出てもらうような芸人でなくてはならないからだ。MCは当然のことながら、それ以外の面白さ、犠牲心、好感度、もろもろ一定以上のスペックが必要になってくる。

50代になればそれは1％以下になる。国民の半数以上が知っているようなスターしか出続けられない。ゴールデンで老若男女《ろうにゃくなんにょ》を笑わせられて、世間を安心させられるばかりでなく、本気を出せば若手にも負けないような面白さを持っていなければならない。60代になってもテレビに出続けられるのはほぼ奇跡だ。ここまでくると、幸運というものも必ず必要になってくる。事務所のトップを背負うという重圧や、人間関係、そんな芸以外のことも円滑にやれる人間でなければあり得ない。

「売れる」ということは、必ず誰かの屍《しかばね》の上に存在する。

仕事は取り合いだし、漫才やコントのチャンピオンは年々新たに生まれていく。光が当たっているうちは、影の存在などに気付きもしないだろう。けれど闇《やみ》は確実に忍び寄る。

しかも一度その闇に堕《お》ちると這《は》い上がるのはとても困難だ。そんな時、僕はそっと手を差し伸べられる人間でありたい。

「徳井は、喫茶店のマスターみたくなったらええねん」

東野さんが言ってくれた言葉。

疲れた人、喉《のど》が渇いた人に、そっと美味しいコーヒーを出す。ただそれだけで良い。そんな人が芸能界に一人くらいいたっておもろい、と。

東野さんの言葉に、やはりどこかで自分も社会に認められたい、他人から褒められたいというような、そんなプライドの残りカスはキレイに吹き飛んだ。

「売れてもないお前なんかに、何が分かるんだ」

この先、この地球上でそんな甘くないことを言い放つ人達にも、僕は温かいコーヒーを差し出せるような人間であり続けたい。

2022年1月

この作品は令和四年二月新潮社より刊行された。

「死角なしの怪物　有田哲平」は本書のための書き下ろしです。

敗北《はいぼく》からの芸人論《げいにんろん》

新潮文庫　　と－35－1

令和六年十一月一日発行

著者　徳《とく》井《い》健《けん》太《た》

発行者　佐藤隆信

発行所　株式会社新潮社

郵便番号　一六二―八七一一
東京都新宿区矢来町七一
電話　編集部（〇三）三二六六―五四四〇
　　　読者係（〇三）三二六六―五一一一
https://www.shinchosha.co.jp

組版／新潮社デジタル編集支援室
価格はカバーに表示してあります。
乱丁・落丁本は、ご面倒ですが小社読者係宛ご送付ください。送料小社負担にてお取替えいたします。

印刷・大日本印刷株式会社　製本・株式会社大進堂

ISBN978-4-10-105491-9 C0176